PARIS
VÉRONIQUE LAFLÈCHE

Herausgeber: Jean-Paul Manzo
Text: Véronique Laflèche
Übersetzung: U. Varchmin
Assistentin: Ingrid Wrage
Layout und Umschlagsgestaltung: Cédric Pontes

© Klaus H.Carl: Abb. 11, 13, 14, 17, 18, 22, 23, 24, 25, 28, 29, 31, 32, 33, 34, 35, 36, 37, 41, 42, 43, 45, 51, 56, 57, 62, 63, 64, 65, 66, 67, 68, 70, 71, 72, 73, 74, 79, 84, 86, 88, 91, 93, 94, 100, 101, 102, 103, 104, 107, 108, 109, 111, 112, 113, 114.
© D. Rocha: Abb. 26, 46, 47, 58.
© CSI/Arnaud Le Grain: Abb 119, 120.
© Alain Lonchampt/Centre des Monuments Nationaux, Paris: Abb. 75.
© Jean-Marc Charles/Centre des Monuments Nationaux, Paris: Abb. 90.
© Patrick Müller/Centre des Monuments Nationaux, Paris: Abb. 69.
© Paroisse St Séverin: Abb. 39, 40.
© ND Viollet: Abb. 6, 7, 9, 10.
© J.Valliot: Abb. 12, 16, 19, 20, 21, 27, 44, 48, 50, 59, 60, 61, 76, 77, 78, 80, 81, 83, 85, 87, 89, 95, 96, 97, 98, 99, 106, 110, 115.
© J. Mahu: Abb. 15, 30, 38,52,53, 54, 55, 92.
© Pictures Colour Library: Abb. 105, 121.
© Comité des Fêtes et d'Action Sociale du 18e arrondissement/Thierry Nectoux: Abb. 116.
© Comité des Fêtes et d'Action Sociale du 18e arrondissement/ Bernard Daunas: Abb. 117, 118.

Wir danken besonders der Pfarrgemeinde Saint-Séverin, Frau Brethé von der Gemeinde des 18. Arrondissement, Herrn Denis Pasquier von der Cité des Sciences et de l'Industrie für ihre freundliche Mitarbeit.
© Parkstone Press Ltd, New York, USA, 2002
ISBN 1 85995 847 8
Gedruckt in Hong Kong
Weltweit alle Rechte vorbehalten.

Soweit nicht anders vermerkt, gehört das Copyright der Arbeiten den jeweiligen Photographen. Trotz intensiver Nachforschungen war es aber nicht in jedem Fall möglich, die Eigentumsrechte festzustellen. Gegebenenfalls bitten wir um Benachrichtigung.

PARIS
VÉRONIQUE LAFLÈCHE

INHALT

	SEITE
1- EINFÜHRUNG	6
2 - DIE ILE DE LA CITÉ UND DIE ILE SAINT-LOUIS	22
3- DAS LINKE SEINEUFER	30
4- DAS RECHTE SEINEUFER	52
5- SCHLUSSWORT	93
6- CHRONOLOGISCHE ZEITTAFEL	94

EINFÜHRUNG

Paris mit seinem unverwechselbaren Flair zieht tagtäglich Besucher aus der ganzen Welt an. Kaum jemand vermag dieser gewiss verklärten, aber doch so überaus verlockenden Stadt zu widerstehen. Sie übt auf viele Besucher eine so starke Anziehungskraft aus, dass sie immer wieder gern hierher zurück kommen, denn Paris ist in ihren Augen nicht nur die Lichterstadt, die romantischste aller Städte, die Stadt der Liebe und der Liebenden, die Stadt, die von der Liebe träumt und in der sie zu Haus ist, wie alte Schlager behaupteten. Das Zentrum der französischen Hauptstadt zeugt von einer großen geschichtlichen Vergangenheit, die sich in dieser geschäftigen und sich ständig weiter entwickelnden Stadt nahtlos fortsetzt, in der jedes Stadtviertel seinen eigenen Charakter hat und in der ein jeder seinen Lieblingsplatz finden kann.

Etwas Geschichte...
Von Kaisern, Königen und Vögten

Jüngste Ausgrabungen in der Gegend von Bercy legten Pirogen[1] aus dem 5. Jahrtausend vor Christus frei. Im 5. Jahrhundert vor Christus siedelte sich ein Stamm der Kelten, die Parisii, in einer von der Seine und zahlreichen kleineren Flüssen durchströmten, fruchtbaren Ebene im Zentrum des Pariser Beckens an und ließen sich auf der in der Mitte des südlichen Arms der Seine gelegenen Insel, der Ile de la Cité, nieder. Mehrere umgebende, gegen die später einfallenden brandschatzenden Barbarenhorden jedoch wirkungslose Hügel sollten die gewählte Stelle schützen. Im Jahre 52 vor Christus vertrieben die Römer die Parisii und siedelten sich auf der Insel an. Diese galloromanische Epoche währte fast drei Jahrhunderte. Es war eine Zeit des Friedens, der 'Pax Romana', die der Stadt eine Ära des Wohlstands bescherte. Die römische Verwaltung befand sich auf der Ile de la Cité, das Forum, ein Amphitheater, ein Theater und die Thermen lagen am linken Seineufer; die heutige Rue Saint-Jacques ist eine ehemalige galloromanische Nord-Süd-Verbindung.

1. Die Eröffnung der Weltausstellung am 14. April 1900

1. Kanu, dessen Seitenwände durch aufsetzen von Planken erhöht wurden (Plankenboot).

In der Folgezeit schützt sich die Stadt mit einem Wall um die Cité[2] vor den Einfällen germanischer Stämme. Am Anfang des 4. Jahrhunderts wird aus Lutetia, dessen erste Einwohner die Parisii waren, die Civitas Parisiorum und daraus schließlich Paris.

Im Jahr 451 marschieren die von Attila angeführten Hunnen auf Paris zu, Genoveva bewegt sie jedoch mit ihrer Überzeugungskraft dazu, die Stadt zu verschonen. Am Ende des 5. Jahrhunderts zählt die Stadt etwa 15.000 Einwohner. Der Merowingerkönig Chlodwig macht Paris 508 zu seiner Hauptstadt. Die Errichtung zahlreicher Kirchen, unter anderem der Kathedrale Saint-Etienne, der späteren Kathedrale Notre-Dame, auf der Ile de la Cité und der Basilika Saint-Denis sowie einiger Abteien zeugt von großem religiösem Eifer und einem bedeutenden Wirtschaftsleben. Die Münzhoheit der Stadt wird durch die Prägung eigener Münzen belegt.

Zwischen dem 11. und 15. Jahrhundert wächst Paris beträchtlich und erlebt ein wahrhaft goldenes Zeitalter. Nach der Cité und dem linken Seineufer entwickelt sich nun das rechte Seineufer zu dem, was es auch heute noch ist, nämlich ein Banken- und Geschäftsviertel. Auffällig ist die Anwesenheit der Lombarden und Juden. Die bedeutende Fluss-Schifffahrt sorgt für regen Betrieb an der Schiffslände 'Port de Grève', die Versorgung der Stadt erfolgt über die Markthallen, die Sumpfgebiete werden entwässert und später entsteht in diesem Bereich das Stadtviertel[3] 'Marais'.

2. Peristyl des Grand Palais

2. Cité = Ansiedlung
3. Für den Begriff Stadtviertel wird nachfolgend der französische Begriff Quartier eingesetzt.

Im Mittelalter zählt die Pariser Bevölkerung bereits 50.000 Einwohner. Gegen Ende des 12. Jahrhunderts lässt Philipp August II. Befestigungsanlagen am rechten und linken Seineufer sowie den Donjon[4] des Louvre errichten und beginnt, sowohl die Ufer zu befestigen, um die Seine-Hochwasser einzudämmen, als auch die meistbefahrenen Straßen zu pflastern; aber auch nur die geringste öffentliche Hygienevorsorge und Abwasserkanäle fehlen völlig: die auf die Straße geworfenen Abfälle werden erst dann beiseite geschafft oder verbrannt, wenn der Gestank unerträglich oder ein Durchkommen kaum mehr möglich ist. Daran wird sich bis ins 13. Jahrhundert, ja in manchen Quartiers sogar bis ins 19. Jahrhundert hinein nichts ändern. Da die Seine bereits zu dieser Zeit verschmutzt ist, bereitet die Wasserversorgung Probleme. Quellen müssen angezapft, Brunnen für die Einwohner gegraben und das Wasser über Aquädukte herangeführt werden.

Paris wird einerseits von einem Vertreter des Königs, dem Vogt, verwaltet, der seinen Sitz im Châtelet hat und dem die Gerichtsbarkeit obliegt, andererseits wählt die Gilde der Flusskaufleute ihren ebenfalls Vogt genannten Vertreter. Diese beiden Vögte bilden den ersten Ansatz einer Pariser Stadtverwaltung. Das Zunftsiegel der bürgerlichen Binnenschiffer, ein Schiff mit dem Motto "Fluctuat nec mergitur" – es schwankt, aber es geht nicht unter – findet sich im Wappen von Paris wieder.

3. Champs-de-Mars

4. Wehrturm

4. Die Brücke Alexandre III.

Auf der Ile de la Cité beginnt 1163 auf Veranlassung des Bischofs Maurice de Sully der Bau einer neuen, die Kirche Saint-Etienne ersetzende Kathedrale, der späteren Kathedrale Notre-Dame. Ludwig IX. lässt kurze Zeit später, im Jahr 1245, die herrliche gotische Sainte-Chapelle erbauen.

In dieser Zeit des Mittelalters herrscht ein stark ausgeprägter, geistlicher Intellektualismus mit Klöstern und Schulen, so etwa die Kathedralschule von Notre-Dame. Im 12. Jahrhundert ziehen die Schulen der Cité auf das linke Seineufer um und schließen sich zu einer Universität mit europaweitem Einfluss zusammen (Anfang des 13. Jahrhunderts). Zur Unterbringung der Scholaren und Magister schafft man Kollegien, in denen später auch die verschiedenen Fächer unterrichtet werden. So gründet Robert de Sorbon 1253 ein Kolleg, die spätere Sorbonne. Heute, im 21. Jahrhundert, ist das Viertel noch immer das Studentenviertel und hat den traditionellen Namen 'Quartier Latin' beibehalten.

Paris ist im 14. Jahrhundert bereits eine blühende, mit 200.000 Einwohnern auch eine bevölkerungsreiche Stadt und als Hauptstadt zugleich wirtschaftliches, kulturelles und intellektuelles Zentrum, das jedoch eine ganze Reihe von Problemen lösen muss. Der Hundertjährige Krieg beginnt 1338, die Pest wütet in den Jahren 1348 und 1349, Elend, Hungersnot, harte Winter und das Eintreiben von Steuern lösen Volksaufstände aus, deren Anführer der 1358 ermordete Vorsteher der Kaufmannschaft Etienne Marcel ist. Die später nach einem parteilichen Prozess 1431 in Rouen verbrannte Johanna von Orléans vertreibt die Engländer aus Frankreich. Durch all diese Ereignisse hat die Stadt die Hälfte ihrer Bevölkerung verloren und versinkt in tiefer Armut. Es ist kein günstiger Zeitpunkt für eine Besserung der Lebensumstände. Die französischen Könige geben daher ihre Hauptstadt auf und ziehen in das Loiretal; von dort aus wird sich wenig später der auf Neuerungen sinnende Geist der Renaissance verbreiten.

Diese Bewegung wird seit dem 15. Jahrhundert durch das Aufkommen des Buchdrucks begünstigt, der das bis dahin praktizierte Abschreiben von Texten überflüssig macht. Franz I. gründet 1530 das 'Collège des Lecteurs royaux', das spätere Collège de France. Heinrich II. kehrt 1549 mit großem Pomp in die Hauptstadt zurück und Karl IX. gründet dort 1570 die erste Académie Française.

Im 16. Jahrhundert wächst die Bevölkerung von Paris auf nahezu 350.000 Einwohner an, erhebliche Wohnraumprobleme und zunehmende Unsicherheit in den Gassen und Straßen sind die Folge; und trotz deren allmählich einsetzender Pflasterung, der Einführung einer regelmäßigen Müllabfuhr und den ersten Anfängen einer Straßenbeleuchtung ist das tägliche Leben in Paris beschwerlich, nicht zuletzt wegen der weiterhin heiklen Wasserversorgung.

Die Religionskriege zwischen Katholiken und Hugenotten gipfeln in den letzten Augusttagen des Jahres 1572 im Massaker an den Protestanten, dem Blutbad der Bartholomäusnacht. Einige Jahre später (1585) sehen sich die Protestanten der katholischen Liga gegenüber. Heinrich III. wird ermordet, der protestantische Heinrich von Navarra (Heinrich IV.) wird König von Frankreich und tritt (mit der berühmten Bemerkung "Paris ist schon eine Messe wert") zum katholischen Glauben über.

5. Blick auf Paris mit der Seine

Er drückt dem Quartier Marais seinen Stempel auf und verleiht ihm sein heutiges Aussehen mit schönen herrschaftlichen Stadthäusern im französischen Stil, lässt die Place des Vosges und die Place Dauphine bauen und gestaltet die Ile Saint-Louis neu. Brücken, darunter der Pont-Neuf, verbinden nun die Inseln mit den beiden Ufern der Seine und erleichtern die Fortbewegung. Diese Verbindungen nutzen besonders dem Faubourg[5] Saint-Germain, der sich jetzt ebenfalls zu entwickeln beginnt.

Der Kardinal Richelieu, seit 1624 ein leitender Minister Ludwigs XIII., lässt in der Nähe von Katharina von Medicis Tuilerien das Palais Cardinal, das heutige Palais Royal, errichten, das er nach seinem Tod dem König vererbt.

5. Französisch für Vorstadt, Vorort, Stadtteil

Ernste wirtschaftliche Schwierigkeiten bringen die Krone im 17. Jahrhundert in Bedrängnis; der Aufstand der Fronde[6] des Parlaments, gefolgt von der Fronde des Hochadels, lehnt sich 1648 gegen die Monarchie auf, hier und dort werden Barrikaden errichtet; dem jungen Ludwig XIV. gelingt es jedoch, sich durchzusetzen. Im Jahr 1671 verlässt er seinen Wohnsitz im Louvre und damit die Hauptstadt, um nach Versailles zu ziehen, gibt Paris jedoch keineswegs auf. Er lässt die Stadtmauer Ludwigs XIII. einreißen, um die Stadt zu modernisieren, dazu zählen eine nächtliche Beleuchtung mit Öllampen, die Verbesserung der Wasserversorgung, Abwässerkanäle, Schaffung eines Feuerwehrkorps, ein allgemeines Krankenhaus und erste Ansätze eines öffentlichen Nahverkehrs; gleichzeitig möchte er auf diese Weise auch ihre schönen Seiten hervorheben.

6. Die Fronde ist in den Jahren 1648 bis 1653 eine oppositionelle Bewegung gegen den Absolutismus Mazarins.

Die Place des Victoires und die Place Louis-le-Grand (die heutige Place Vendôme) zeugen von Einfluss und Macht Ludwigs XIV., der seinen Beinamen 'Sonnenkönig' völlig zu Recht trägt.

Schon im 16. Jahrhundert richten vornehme, kultivierte Gastgeberinnen literarische Salons als Treffpunkte für Intellektuelle, Philosophen und Künstler ein. Im 18. Jahrhundert sind diese Pariser Salons Ausdruck des in ganz Europa so begehrten französischen Geistes. Selbstverständlich reisen viele ausländische Besucher dorthin, darunter 1757 der berühmte Casanova, der in den brodelnden Ideen, denen er in diesen Salons und den neu eröffneten Cafés begegnet, die Vorboten der Französischen Revolution erahnt.

Ein für einen Einwohner von Paris im 21. Jahrhundert unvorstellbarer Gestank, in 'Das Parfum' von Patrick Süskind bestens beschrieben, verpestet auch im 18. Jahrhundert immer noch die Hauptstadt, obwohl die Verbesserungen der alltäglichen Lebensumstände langsam voran schreiten. Die Gestaltung der Place Louis XV., der heutigen Place de la Concorde, ermöglicht die Verbindung zweier bedeutender Verkehrsachsen und die Gestaltung der Champs-Élysées, der schönsten Prachtstraße der Welt, wogegen Philippe von Orléans die Gärten des Palais Royal in Miethäuser verwandelt und hölzerne Ladenarkaden errichten lässt.

Am Ende des 18. Jahrhunderts markiert die Errichtung der 'Mauer der Generalpächter'[7] das Zollgebiet rund um Paris. Diese Zollmauer ist naturgemäß nicht nach dem Geschmack der Pariser Bevölkerung. Die politische und wirtschaftliche Krise, die Steuern, die Hungersnot und die große Armut setzen schließlich der Geduld des Volkes ein Ende und es brechen Unruhen aus, durch die es am 14. Juli 1789, dem später zum Nationalfeiertag erklärten Tag, zum Sturm auf die Bastille kommt. 'La Terreur', die Zeit des Terrors, wütet in Paris. Am 21. Januar 1793 wird auf der Place de la Concorde König Ludwig XVI. hingerichtet, und nach einigen Wochen Haft in der Conciergerie, am 16. Oktober desselben Jahres ebenso die Königin Marie-Antoinette. Innerhalb von zwei Jahren werden weitere nahezu 3.000 Menschen guillotiniert[8]. Das aufständische Paris konfisziert die kirchlichen Besitztümer, verwüstet die Kirchen und plündert ohne Glauben oder Moral.

Der am 2. Dezember 1804 zum Kaiser Napoleon I. gekrönte General Bonaparte führt in ganz Europa seine Kriege. Auf zahlreiche Siege, die mit einer beachtlichen Bereicherung des Louvre-Museums an Kunstwerken einhergehen, folgen schließlich die Niederlagen. Napoleon, durch seine Feldzüge oft fern von Paris, möchte diese Stadt zur schönsten Stadt der Welt machen und nimmt, nach ungefähr einem Jahrzehnt der vorangegangenen Zerstörung, trotz unzureichender finanzieller Mittel bedeutende Baumaßnahmen in Angriff, ohne dabei die Verbesserung der Lebensqualität der Pariser Bürger aus den Augen zu verlieren. Zu diesen Maßnahmen zählen unter anderem die Rue de Rivoli, die Vendôme-Säule, neue Brücken, die Place de la Bastille, das Becken von La Villette und der Bau des großen und des kleinen Triumphbogens, die unter seiner Herrschaft begonnen werden.

6. Die Place de la Bastille mit der Julisäule, die 1883 zur Erinnerung an die 504 Gefallenen der Revolution vom Juli 1830 errichtet wurde. Ihre Namen sind in Bronze auf der etwa 50 m hohen Säulenschaft verewigt.

7. Gemeint ist die Mur des Fermiers Généraux.
8. Die Guillotine ist ein vom französischen Arzt Guillotin (1738-1814) entwickeltes Hinrichtungsgerät.

7. Der Arc de Triomphe und die Champs-Élysées im Jahre 1900.

Paris durchlebt 1830 und erneut 1848 schwierige Tage des Aufruhrs. Von 1830 an verändert sich die Stadt im Zuge einer starken Industrialisierung. Angesichts der Begeisterung für die Eisenbahn baut man in den Jahren von 1835 bis 1848 mehrere Bahnhöfe.

Das 19. Jahrhundert bedeutet für Paris eine Zeit des Umbruchs. Die Wohnungen erhalten fließendes Wasser, endlich werden Abwasserkanäle angelegt, die diese Bezeichnung auch verdienen, der öffentliche Nahverkehr entwickelt sich und fast überall wird die Beleuchtung mit Stadtgas eingeführt. Schon 1850 zählt die Stadt rund eine Million Einwohner. Baron Haussmann, fast zwanzig Jahre lang (1853 bis 1870) Präfekt des Départements Seine unter Napoleon III., verändert Paris von Grund auf, indem er breite Schneisen in die vorhandene Bebauung bricht und so der Stadt zu sehr schönen Perspektiven verhilft. Haussmann hat der Neugestaltung von Paris bis heute seinen unauslöschlichen Stempel aufgedrückt, wobei man ihm freilich vorwerfen kann, dass er die Stadt zugleich auch verwüstete. Im Jahr 1860 wird Paris in zwanzig Bezirke (Arrondissements) aufgeteilt.

Die Gesellschaft des 19. Jahrhunderts weist starke soziale Ungleichheiten auf. Auf der einen Seite steht eine arme, hart arbeitende, von zahlreichen Cholera- und Tuberkulose-Epidemien heimgesuchte und zum Alkoholismus neigende Bevölkerung; andererseits gibt es ein reiches Bürgertum, das sich vor allem amüsieren oder sogar der Ausschweifung frönen wollte. Die zweite Hälfte des 19. Jahrhunderts prägen die großen Weltausstellungen, ein recht bewegtes gesellschaftliches Leben und die Entstehung der großen Warenhäuser, die das Ende der am Anfang des Jahrhunderts aufgekommenen überdachten Passagen einläuten.

Die Deutschen belagern 1870 Paris, das am 1. März 1871 kapituliert. Die verzweifelten Pariser zetteln schwere Krawalle an und legen zahlreiche Brände. Das Hôtel de Ville[9], der Justizpalast, die Tuilerien, das Palais Royal - alles wird zerstört. Die Pariser 'Kommune' fordert 1871 Tausende Menschenleben und einige Jahre lang ist Paris nicht mehr Hauptstadt. Eine Reihe von Skandalen (Dreyfus[10], Panama usw.) vergiftet das politische Leben. Gleichwohl erholt sich Paris und am Ende des 19. Jahrhunderts sieht man ein groteskes Gebilde, den Eiffelturm, aufragen; es gibt ein neues unterirdisches Verkehrsmittel, die Metro, elektrische Straßenbahnen und das Automobil.

Die ersten Jahre des soeben begonnenen neuen Jahrhunderts sind die Jahre der Belle Epoque, Schmelztiegel eines äußerst regen kulturellen und künstlerischen Lebens. Der Architekt und Künstler Hector Guimard drückt als Reaktion auf den schmucklosen, nüchternen Stil Haussmanns Paris seinen Stempel auf und verhilft den geschwungenen Formen, Asymmetrien und Übertreibungen des Jugendstils zum Durchbruch. Sein sinnlicher, ausgewogener Stil gleicht einem Feuerwerk, während die spätere moderne Architektur (Le Corbusier, Mallet-Stevens u. a.) sich in Würfeln und Quadern erschöpft. Guimard ist für seine Metro-Eingänge berühmt, als deren genialer Schöpfer er in die Geschichte eingeht. Die Malerei verwirklicht mit überschäumender Schaffenskraft den Impressionismus und den Fauvismus, auch die Literatur steht dahinter nicht zurück und das russische Ballett von Diaghilew feiert große Erfolge. Die Künstler verkehren im damaligen Dorf Montmartre, später auf dem Montparnasse.

Der Erste Weltkrieg (1914 bis 1918) lähmt die Hauptstadt, so dass eine Fortsetzung der von Haussmann begonnenen Modernisierung unmöglich wird. Beinahe drei Millionen Einwohner bescheren Paris eine langanhaltende Wohnungskrise und in den so genannten 'Goldenen Zwanzigern' wohnen Elend und eine im Überfluss lebende, sich immer wieder unbekümmert ins Vergnügen stürzende Minderheit Tür an Tür.

Der Zweite Weltkrieg (von 1939 bis 1945) ist für die Einwohner von Paris so etwas wie ein 'Sitzkrieg' (drôle de guerre). Das Leben geht auf Sparflamme weiter mit Lebensmittelkarten, krummen Geschäften, Schwarzmarkt, dem sich formierenden Widerstand und - auch hier - der Judenverfolgung. Die unzerstört gebliebene Stadt wird am 25.

9. Das Hôtel de Ville ist das Rathaus. Früher wurden herrschaftliche Stadthäuser als Hôtel bezeichnet.
10. Alfred Dreyfus, französischer Offizier, wurde wegen angeblicher Spionage zunächst verurteilt, später jedoch freigesprochen.

August 1944 von den Alliierten befreit. Paris erholt sich langsam und stürzt sich, um diese leidvollen Jahre möglichst schnell zu vergessen, in einen Freudentaumel. Es ist die Glanzzeit von Saint-Germain-des-Prés mit Sartre, Simone de Beauvoir, Boris Vian, Juliette Gréco... Radio, Kino und später auch das Fernsehen ermöglichen es allen, stets auf dem Laufenden zu sein.

Seit der Pariser Kommune (1871) und dem Ende der Baumaßnahmen des Präfekten Haussmann hat sich Paris kaum verändert. Einige Jahre nach dem Ende des Zweiten Weltkriegs erfährt die Konsumgesellschaft einen rasanten Aufschwung und der als Befreier Frankreichs im Jahr 1944 geltende Charles de Gaulle gründet im September 1958 die V. Republik.

Trotz großer, auf den Verlust der Kolonien zurück zu führender Probleme entwirft der bereits 1965 veröffentlichte Entwicklungsleitplan die Karte der Pariser Region für das Jahr 2000. Allenthalben werden gewaltige Bauarbeiten begonnen. Es gilt, ein riesiges, Paris und die Vororte wie ein Spinnennetz überziehendes Nahverkehrsnetz aufzubauen. Die Markthallen werden an den südlichen Stadtrand von Paris, nach Rungis, verlegt. Lange Jahre klafft an ihrem ursprünglichen Standort ein gewaltiges Loch, an dessen Stelle nun von 1976 an ein neues Viertel, 'Les Halles', mit dem nahegelegenen 'Zentrum für moderne Kunst Georges-Pompidou', genannt Beaubourg, aus dem Boden wächst.

In der gesamten zweiten Hälfte des 20. Jahrhunderts wurden wichtige Maßnahmen zur Verbesserung der Wohnsubstanz und des Aussehens der Stadt ergriffen. Durch Sanierungsarbeiten und große städtebauliche Projekte (Les Halles, Maine-Montparnasse, Bercy) konnte Paris neu gestaltet und das Gleichgewicht zwischen dem östlichen und westlichen Teil wieder hergestellt werden. André Malraux, Kulturminister unter de Gaulle, beschloss, Paris tatkräftig vom Staub zu befreien. Die Fassadenreinigungen haben die Stadt wieder hell und sauber gemacht. Der im Mai 1981 gewählte François Mitterrand, dem auch die Renovierung des Louvre-Museums zu verdanken ist und der es zum größten Museum der Welt machte, ist geradezu süchtig nach pharaonischen Bauprojekten, zu denen auch der Klotz der Arche de la Défense gehört, der aber nichts Aufregenderes zu bieten hat als nur in der Verlängerung der von der Pyramide, den Tuilerien, dem Obelisken der Concorde, den Champs-Élysées und dem Triumphbogen gebildeten Achse zu stehen. Aberwitzige Summen werden aufgewendet; doch alle neuen Bauprojekte weisen bei ihrer Übergabe gravierende Mängel auf. Die Säulen von Buren im Palais Royal und die im Innenbereich des Louvre stehende Pyramide gehören aber inzwischen zum Bild der Stadt. Die Krise der 1990er Jahre bremste zwar diesen Bauwahn, doch hat kürzlich das Museum der asiatischen Künste, das Musée Guimet, nach einigen Jahren der Schließung wieder eröffnet, und im Jahr 2004 wird die Einweihung eines weiteren Museums folgen: das von Jacques Chirac in Auftrag gegebene Museum für Stammeskunst (Musée des Arts premiers).

8. Blick auf Paris mit der Kathedrale Notre Dame auf der Ile de la Cité und auf die Conciergerie.
9. Die Metrostation "Abbesses" im Stil des Art Nouveau. Das Glasdach dieser Metrostation ist bis heute intakt.
10. Bauarbeiten an den Gleisen der Straßenbahn am Boulevard Saint-André zwischen 1900 und 1910.

Paris heute

Paris, die Hauptstadt Frankreichs, scheint in dem Moloch des großen Pariser Ballungsraums beinahe etwas verloren. Sie zieht zwar jedes Jahr Millionen ausländischer Touristen an, die ihren Reiz unwiderstehlich finden und wohl jeden verzaubert, der von weit her kommt und ihre Vergangenheit entdeckt, gleichwohl sollte sie nicht nur vom Tourismus leben. Im übrigen hat sich die Stadt wegen der hohen Preise nach und nach entvölkert (sie zählt heute nur noch etwas mehr als zwei Millionen Einwohner, gegenüber bereits drei Millionen im Jahr 1950) und scheint Gefahr zu laufen, auszubluten, bei genauerem Hinsehen jedoch strotzen die achtzig Pariser Stadtviertel vor Lebenskraft. Paris ist immer noch die Lichterstadt, die ewige Stadt, die romantische Stadt mit der Seine und ihren Brücken, die Stadt der tausend um die leichten Mädchen von Pigalle kreisenden Phantasien... - es ist aber auch die Stadt der versteckten, heimeligen, selbst bei den Parisern oft unbekannten Orte. Der Erneuerung der Stadt kam von Beginn an ein stetiger Einwandererstrom zugute, zunächst aus dem ländlichen Bereich, später aus dem Ausland, denn durch die industrielle Revolution im 19. Jahrhundert ist es zwar eine sehr schnell gewachsene, aber dadurch doch eine junge Stadt, wenn man einmal absieht vom historischen Kern und den wenigen galloromanischen und mittelalterlichen Überresten, die sich von der Geschäftswelt nicht haben verschlingen lassen. Noch immer gibt es Spuren des italienischen Einflusses sowie der klassischen Epoche und des Zeitalters der Aufklärung, als ganz Europa französisch sprach. Diese unterschiedlichen Einflüsse haben ihre Spuren in der Pariser Lebensart hinterlassen. Ihr Auftreten, ihre Eleganz, ihr frivoler, oft rebellischer Geist und ihre freimütigen Äußerungen machen die Pariserin jederzeit unverkennbar. Paris mit seinen Unruhen, den Ereignissen im Mai 1968 oder seinen wiederholten Streiks verkörpert auch den ständig in der Luft liegenden Hauch von Freiheit. Ihre vielfältigen Gesichter lassen diese Stadt unerklärbar erscheinen.

Paris vermittelt der ganzen Welt Bilder von Mode und Luxus. Es ist die Stadt der Haute Couture, trotz ernstzunehmender Konkurrenz jenseits der Alpen und in Übersee, mit den besten Fachkräften, denen die Modeschöpfer das scheinbar Unmögliche abverlangen.

In Paris auf Entdeckungsreise zu gehen, ist für den Besucher nicht einfach. Es gibt eine Fülle von Sehenswürdigkeiten, seien es nun Museen, die Stadtviertel oder historische Gebäude und Baudenkmäler. Seinem Gespür folgen, flanieren, besichtigen, stehen bleiben, schauen, die besondere Atmosphäre der Stadt auf sich wirken lassen: ein ganzes Leben würde nicht ausreichen.

11. Jacques-Louis David, *Bonaparte überquert die Alpen über den Saint Bernard-Pass, (Bonaparte franchissant les Alpes au Mont Saint-Bernard),* 1800-1801. Öl auf Leinwand, 271 x 232 cm. Musée National du Château de Malmaison, Rueil-Malmaison.

DIE ILE DE LA CITÉ UND DIE ILE SAINT-LOUIS

Die früh zunächst von den Parisii, dann von den Römern besiedelte Ile de la Cité war von Anfang an der verwaltungsmäßige, politische, juristische und religiöse Kern der Stadt. Das trifft zum großen Teil auch heute noch zu. Es ist heute ganz und gar unverständlich, dass Baron Haussmann die damalige Cité derart radikal beseitigt hat, denn nur nördlich von Notre-Dame, über deren von jeglicher Wohnbebauung befreiten Vorplatz jedes Jahr Millionen Touristen laufen, sind noch Überreste der mittelalterlichen Epoche erhalten.

Die Kathedrale Notre Dame

An der Stelle eines römischen Tempels baute König Childebert I., ein Sohn Chlodwigs, in der ersten Hälfte des 6. Jahrhunderts eine erste Kirche, die 'Ecclesia', etwas vor der heutigen Kathedrale gelegen. Diese sehr große, im 9. Jahrhundert den Angriffen der Normannen ausgesetzte und später Saint-Etienne genannte Kirche zeugt von der Macht der Merowinger. Der Bischof von Paris, Maurice de Sully, beschließt die Errichtung einer gewaltigen Kathedrale. Die ersten Arbeiten dafür beginnen 1163 und dauern fünfundsiebzig Jahre, sind aber erst 1345 vollendet. Es ist das Zeitalter der Dombaumeister. Die mit der Geschichte Frankreichs eng verbundene Kathedrale verfällt jedoch ab dem Ende des 17. Jahrhunderts und ist im 18. Jahrhundert in erbärmlichem Zustand; erst unter Louis-Philippe macht man sich an ihre Restaurierung, die dem großen Baumeister Viollet-le-Duc anvertraut wird.

Vom Square Viviani auf dem linken Seineufer aus gesehen kann man nicht umhin, die frühgotische Kathedrale zu bewundern. Ein imposanter und dennoch nicht schwerfälliger Komplex, dessen Strebebogen aus dem 14. Jahrhundert dem ganzen Bauwerk einen Eindruck von standfester Leichtigkeit verleihen. Die Fassade weist zwei hohe Türme auf, die eine etwas niedrigere Mittelachse flankieren. Die drei von der Galerie der Könige von Juda und Israel überspannten Portale sind, wie im Mittelalter häufig der Fall, asymmetrisch. Über dem mittleren Portal, dem Gerichtsportal, befindet sich eine Fensterrosette aus dem 13. Jahrhundert und noch weiter oben lockert eine Arkadengalerie die Stirnseite auf. Vom Kirchenvorplatz aus kann man die gesamte Westfassade bewundern, dies jedoch erst, seit im Zuge der Baumaßnahmen Haussmanns die Gassen und Häuser an dieser Stelle abgerissen wurden. Am Mittelpunkt dieses Platzes beginnt die Kilometrierung der französischen Strassen zu den Städten des Landes.

12. Notre Dame, Kunstschmiedearbeit am Hauptportal.
13. Notre Dame, Skulpturen, Hauptfassade.
14. Die Fassade von der Kathedrale Notre Dame im Frühling.

Ile de la Cité

Die Rue de la Cité mit dem Krankenhaus Hôtel-Dieu auf der einen und der Polizeipräfektur sowie einem Blumen- und Vogelmarkt auf der anderen Seite ist ein sichtbarer Teil der galloromanischen Nord-Süd-Achse. In diesem westlichen Teil der Insel residierten zunächst die römische Staatsmacht, später dann, im Schutz der galloromanischen Umfassung, die Merowingerkönige.

Justizpalast und Sainte Chapelle

Die von Etienne Marcel angeführten Aufstände bewegen Karl V. zur Flucht; er lässt sich in dem im Marais gelegenen Hôtel Saint-Paul und im Louvre nieder. Der königliche Palast wird zunächst zum Sitz des 'Parlaments', dann zum Justizpalast. Seit der Römerzeit wurden die Gebäude aber mehrfach umgebaut; und im 19. Jahrhundert restauriert und erweitert Viollet-le-Duc den Palast. Durch schöne schmiedeeiserne Gitter aus dem Jahr 1785 gelangt man heute zum Vorhof 'Cour de Mai'.

Die Sainte-Chapelle, ein Juwel der hochgotischen Baukunst liegt, vor der Außenwelt geschützt, im Justizpalast. Da er kostbare Reliquien von Christus und der Jungfrau Maria besaß, beschließt Ludwig IX., genannt 'der Heilige', zur Bewahrung des Reliquienschreins den Bau einer Kapelle, die in den Jahren 1245 bis 1248 errichtet wird. Die von einem schlanken, 75 m hohen Turm überragte Sainte-Chapelle ist mit ihren 15 m hohen Buntglasfenstern, die die Jahrhunderte schadlos überdauert haben, ein technisches Meisterwerk des Mittelalters.

15. Blick auf Notre Dame vom Kirchenvorplatz aus.
16. Notre Dame, architektonisches Detail.
17. Blick auf Paris mit Notre Dame, im Süden die Brücken Pont de l'Archevêché und Pont de la Tournelle, im Westen das Quartier Latin.

Conciergerie

Die unmittelbar an den Justizpalast anschließende gotische Conciergerie wurde im 14. Jahrhundert unter Philipp dem Schönen erbaut. Während der Revolution hatten die zahlreichen hier untergebrachten Gefangenen fast ausnahmslos ihr tödliches Rendezvous mit der Guillotine, und auch die Königin Marie-Antoinette wurde hier bis zu ihrer Hinrichtung gefangen gehalten; ihr Kerker wurde 1816 in eine Sühnekapelle umgewandelt. Die quadratische Tour de l'Horloge an der Außenseite dieses Bauwerks trägt heute noch die erste öffentliche Turmuhr von Paris.

Man kann die Stadt unmöglich verlassen, ohne dieses geschichtsträchtige, erinnerungsgeladene Paris bei Nacht zu bewundern, wenn neben der nächtlichen Beleuchtung die Lichtkegel der Bateaux Mouches, den auf der Seine dahin gleitenden Touristenbooten, überall diese Baudenkmäler wandern.

18. Blick auf die Conciergerie und auf die Brücke Pont au Change.
19. Wanduhr der Conciergerie.

Place Dauphine

Die Place Dauphine im vorderen Teil der Cité ist ein von Heinrich IV. angelegter, ehemals königlicher Platz und mündet in die älteste Brücke von Paris, den Pont-Neuf, der bereits 1578 unter Heinrich III. begonnen und 1604 von Heinrich IV. fertiggestellt wird und in der Brückenmitte auch dessen Monument trägt: Heinrich IV. auf seinem tänzelnden Pferd.

Die Ile de la Cité und die Ile Saint-Louis

Es war die erste Brücke dieser Breite, die ohne die bis dahin übliche Brückenbebauung mit Häusern oder Läden errichtet wurde und Bürgersteige besaß. Sie erleichterte natürlich die Verbindung zwischen dem Louvre und der Cité ganz erheblich.

Die Ile Saint Louis

Die Ile Saint-Louis ist mit der Ile de la Cité durch eine Fußgängerbrücke, dem Pont St. Louis, verbunden. Auf ihr herrscht längst nicht so viel Trubel wie auf der Nachbarbrücke. Die lange Zeit ländlich geprägte Insel war im 14. Jahrhundert durch einen Graben geteilt, erst ein umfangreiches Bauprojekt ermöglichte die Wiedervereinigung der beiden Inselteile und im 17. Jahrhundert ihre Parzellierung. Von hohen Kaimauern umgeben ist sie so vor den Hochwassern der Seine geschützt und lädt ein zu einem reizvollen Spaziergang durch ihre stillen Straßen oder entlang den Ufermauern, die mit außergewöhnlichen Ausblicken auf das rechte und linke Seineufer oder auf Notre Dame und mit zahlreichen, bewundernswerten Häusern aus dem 17. und 18. Jahrhundert sowie einigen hochherrschaftlichen Stadthäusern, etwa die von Lambert und Lauzun, aufwarten.

20. Die Brücke Pont Neuf.
21. Statue Heinrichs IV. auf dem Pont Neuf, der die Ile de la Cité und das 6. Arrondissement verbindet.

22. Rosette der Sainte Chapelle aus dem 13. Jahrhundert und reich verzierte Fesken mit Darstellungen aus dem Alten und Neuen Testament.

23. Das Gewölbe der Sainte Chapelle. Ihre zweite Etage war zur Zeit der Könige ausschließlich für Angehörige des Adels reserviert.

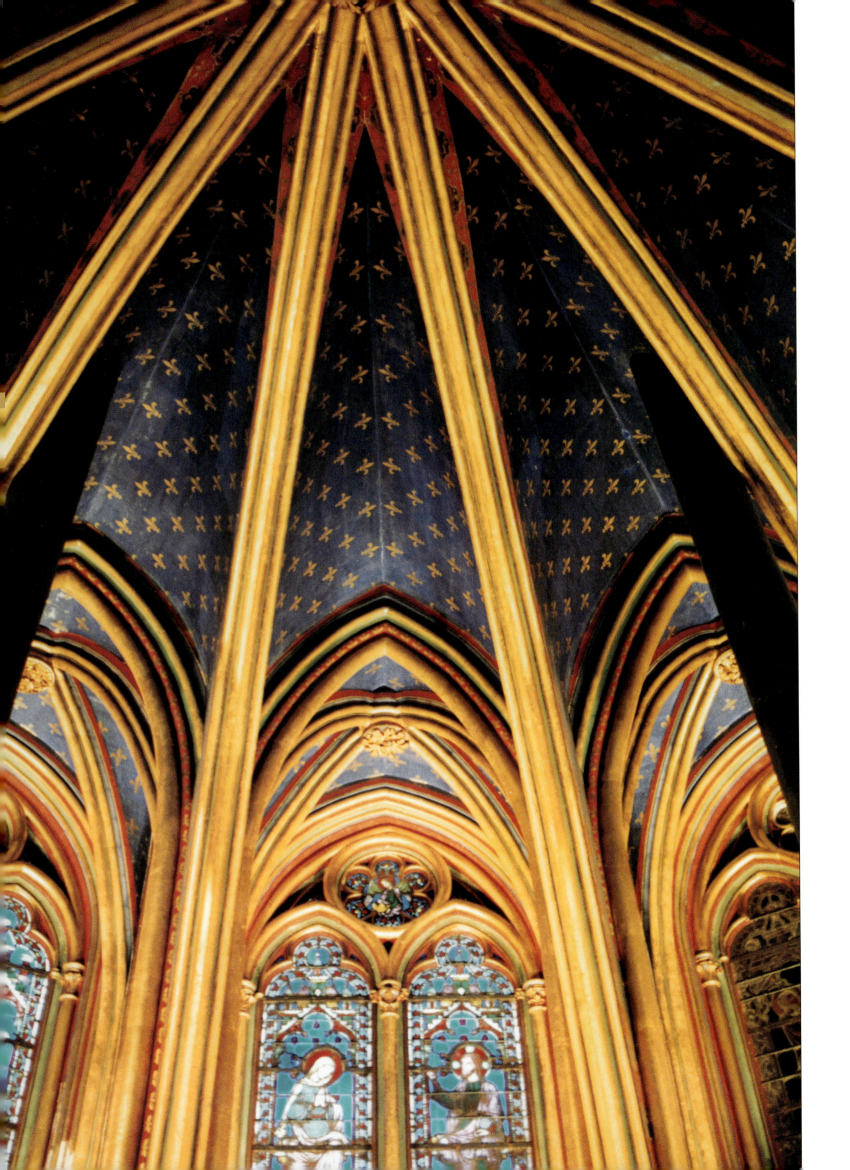

DAS LINKE SEINEUFER

Die Seine fließt langsam dahin und teilt Paris in zwei Hälften. Zwischen dem linken und dem rechten Seineufer herrscht seit jeher eine gewisse Rivalität. Manche Pariser, die sich das linke Ufer auserkoren haben, könnte kein Geld der Welt ans rechte Ufer locken - und umgekehrt.

Im Herzen der Stadt bieten die Quais schöne Spaziergänge auf den Uferwegen am Wasser und auch auf den Bürgersteigen beiderseits des Flusses. Hier entdeckt man eine Fülle meist grüner Kästen, die den Bouquinisten gehören. Antiquarische Bücher, Poster, Ansichtskarten, alte Radierungen... Seit beinahe vier Jahrhunderten schon, seinerzeit von den Haussmann'schen Bauarbeiten in ihrer Existenz bedroht, harren die Bouquinisten hier aus und sorgen vor ihren Kästen unbestreitbar für Leben.

Kirchen, Quais und Plätze

Unterhalb der Ile de la Cité verbindet der Pont des Arts den Louvre mit dem Institut de France. Bereits 1803 gebaut und den Fußgängern vorbehalten, wurde er 1982 erneuert. Von hier aus hat man einen wundervollen Blick auf die Cité und die nähere Umgebung. Wenn man dem Quai de Conti und dem ältesten, von Philipp dem Schönen erbauten Quai von Paris, dem Quai des Grands-Augustins folgt, gelangt man auf die Place Saint-Michel, ein Werk Napoleons III. Hier beginnt das Quartier Latin, das sich bis zur Spitze des vom Panthéon überragten Hügels Sainte-Geneviève erstreckt und sich jenseits des Boulevard Saint-Michel in Richtung Odéon fortsetzt.

Dieser Teil des linken Seineufers war seit der Römerzeit, aus der noch vereinzelte Überreste wie beispielsweise die Ruinen der Thermen von Cluny oder die zu einem Park umgestalteten Arenen vorhanden sind, besiedelt. Erst im 12. Jahrhundert werden hier und da Schulen und Kollegien gegründet, bis schließlich eine Universität von europäischem Ruf entsteht. Verkehrssprache ist (heute natürlich nicht mehr) Latein, daher der Name 'Quartier Latin'. Das bereits 1460 gegründete und im 19. Jahrhundert wieder aufgebaute Kolleg Sainte-Barbe, das leider 1999 seine Pforten schloss, ist das einzige noch erhaltene dieser berühmten mittelalterlichen Kollegien.

24. Blick auf die Quais der Seine, die zu langen Spaziergängen einladen. Die Pariser lieben es, dort die ersten Sonnenstrahlen zu genießen.
25. Kioske entlang der Seine verkaufen Zeitungen, Bücher, alte Gravuren...
26. Der Eiffelturm, vom Palais de Chaillot aus gesehen.

Oben auf dem Hügel Sainte-Geneviève wird im Jahr 1790 das vom Architekten Soufflot erbaute Panthéon fertiggestellt. Die neoklassizistische Fassade weist korinthische, von einem Dreiecksgiebel mit einem Skulpturenrelief von David gekrönte Säulen auf. Zunächst war es eine Kirche, dann erfuhr das Panthéon zahlreiche religiöse und weltliche Wechselfälle, bevor aus ihm eine Begräbnisstätte für die großen Männer der Nation wurde.

An der Place Sainte Geneviève steht die Kirche Saint-Etienne-du-Mont, eine Stilmischung aus Gotik und Renaissance. Sie schloss unmittelbar an die Kirche Sainte-Geneviève an, die zur Abtei gleichen Namens gehörte. Die sterblichen Überreste der Heiligen wurden zwar in der Revolution verbrannt, man fand jedoch später noch einige Reliquien, die seit dem 19. Jahrhundert in einem Schrein liegen. Saint-Etienne ist die einzige Kirche in Paris, die noch einen bemerkenswerten Lettner aus dem 16. Jahrhundert besitzt.

Der Park der ehemaligen École Polytechnique gleich hinter dieser Kirche ist eine kaum bekannte Oase der Ruhe. Die Gässchen dieses Viertels sind alt, verschwiegen und höchst reizvoll, doch dann folgen plötzlich und übergangslos die quirlige Rue Mouffetard - genannt 'la Mouff' - und die belebte Place de la Contrescarpe.

27. Der Brunnen Saint Michel zu Beginn des Boulevard Saint Michel im 5. Arrondissement. In der Nische ist der Heilige Michael zu sehen, auf einem Felsen liegt ein besiegter Drachen.
28. Detail vom Brunnen Saint Michel.
29. Das Institut de France vom Louvre aus gesehen. Beide sind durch den Pont des Arts verbunden.

Die etwas abseits gelegene, Ende der 1960er Jahre an der Stelle der ehemaligen 'Halle aux vins' erbaute Naturwissenschaftliche Fakultät der Universität Jussieu ist eine Entgleisung der modernen Architektur. Doch ist merkwürdigerweise, obwohl unmittelbar an diese Fakultät angrenzend, das 1980 gegründete Pariser Institut für Arabische Kultur ein gelungenes Beispiel für Harmonie zwischen Modernität und islamischer Kunst. Der Jardin des Plantes im Osten der Fakultät mit seinen Alleen im französischen Stil ist ein bereits im 17. Jahrhundert geschaffener botanischer Garten mit einer Menagerie und einem Naturkundemuseum, das im 19. Jahrhundert internationalen Ruf genoss. Die Moschee von Paris, errichtet zu Anfang des 20. Jahrhunderts, bietet in diesem Studentenviertel Gelegenheit, islamische Kunst zu entdecken und in einem Patio im maurischen Stil gemütlich Pfefferminztee zu trinken und dazu orientalisches Gebäck zu verzehren.

Das Quartier Latin und Saint-Germain-des-Prés

Am Fuß des Hügels 'Montagne Sainte-Geneviève', etwas abseits des Boulevard Saint-Michel, schlägt das Herz des Quartier Latin. Die Universität Sorbonne sollte im Jahre 1253 arme Studenten aufnehmen, um ihnen ein Theologiestudium zu ermöglichen. Dieses Kolleg wird 1470 der Entstehungsort des ersten in Paris gedruckten Buches sein, und noch heute bevorzugen Buchhändler und Verleger als Standort das Quartier Latin.

30. Das Panthéon.
31. Die Arènes de Lutèce.
32. Markt in der Rue Mouffetard.

33. Das Institut der arabischen Welt (Institut du Monde Arabe), konstruiert von Jean Nouvel. Es ist ein in Parallelität errichtetes Gebäude, das aus durch einen schmalen Spalt getrennten Baukörpern besteht.

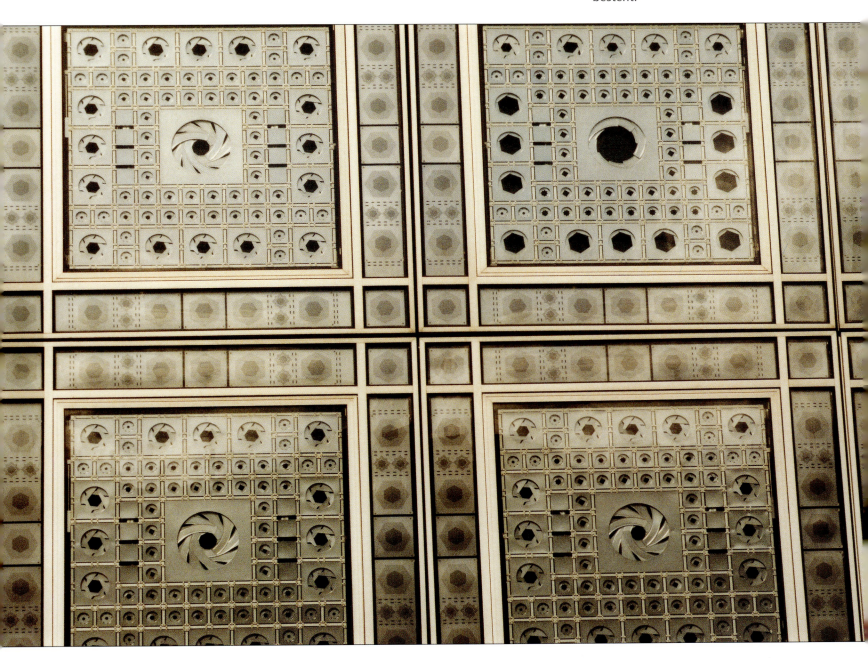

34. Die Fassaden des Institut du Monde Arabe sind wie die Blendenringe eines Photoapparates konzipiert und mit arabischen Ornamenten verziert. Sie werden je nach Sonnenintensität computergesteuert geöffnet oder geschlossen.

35. Die Große Moschee von Paris, ein Blick auf den Innenhof. In der Mitte befindet sich ein Marmorbecken mit einem Springbrunnen, eine Anlehnung an die Alhambra von Granada.

36. Das reich verzierte Innere der Großen Moschee von Paris mit seinen Mosaiken, die von nordafrikanischen Handwerkern mit einer jahrtausendealten traditionellen Technik angefertigt wurden.
37. Keramikkachel der Großen Moschee von Paris.

Neben den Ruinen der Thermen wird um 1330 von Pierre de Châlus, Abt von Cluny, das ehemalige Stadtpalais der Äbte von Cluny errichtet. Das heutige Palais wurde nach seinem Zerfall von 1485 bis 1500 im spätgotischen Stil wieder aufgebaut und im Jahr 1833 erwirbt Alexandre du Sommerard das von der Revolution übel zugerichtete Palais; er restauriert es und trägt mit großer Hingabe Gegenstände aus dem Mittelalter und der Renaissance zusammen. Nach seinem Tod geht das Hôtel de Cluny in Staatseigentum über und wird 1844 ein der Öffentlichkeit zugängliches Museum.

Die Kirche Saint-Séverin mit ihrem alten Friedhof vereint unterschiedliche gotische Stilformen. In dem um diese Kirche gelegenen Viertel und seinen Gässchen mit mittelalterlichem Charme wimmelt es von Touristen, aber auch jenseits des Boulevard Saint-Michel, zum Odéon hin, ist das Viertel sehr belebt. Ein abendlicher Bummel durch all diese Gässchen ist wirklich zauberhaft. In Saint-Germain-des-Prés wechseln sich bis zur Rue des Saints-Pères Läden, Cafés und Restaurants ab. Die Gegend kommt besonders nach dem Zweiten Weltkrieg durch ihre Cafés, darunter das Flore und das Deux Magots, in Mode. Das älteste Restaurant ist jedoch das Procope, die Brasserie Lipp wählt auch heute noch ihre Kundschaft mit Bedacht.

Saint-Germain war auch das Viertel der Studentenproteste. Die Pariser erinnern sich noch gut an die Ereignisse im Mai 1968, in deren Verlauf es zu heftigen Auseinandersetzungen zwischen Studenten und Ordnungskräften kam. Die Pflastersteine des Boulevard Saint-Germain dienten als Wurfgeschosse, Autos wurden in Brand gesteckt und man setzte reichlich Molotow-Cocktails ein. Es herrschte Guerillakrieg in der Stadt, fast schon Bürgerkrieg. Umstürzlerischer Übermut hatte das Odéon fest im Griff.

Saint-Germain-des-Prés, gegenüber dem Deux Magots, ist die älteste Kirche von Paris, ihre Grundmauern stammen aus dem 6. Jahrhundert. Nach dem Ansturm der Normannen wurde sie am Ende des 10. und Anfang des 11. Jahrhunderts wieder aufgebaut, aus dieser Zeit stammt der romanische Glockenturm. Die Abtei Saint-Germain, zu der die Kirche gehörte, umfasste ausgedehnte Ländereien (das heutige 6. und 7. Arrondissement).

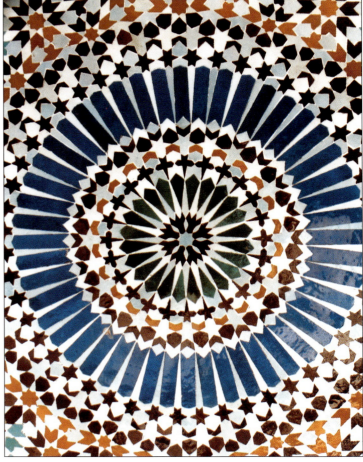

38. Die Kapelle der Sorbonne wurde 1628 auf Anweisung von Kardinal Richelieu errichtet. Heute gehört sie zur Universität der Sorbonne.
39. Das Kloster der Kirche Saint Séverin wurde aus Kalkstein erbaut.
40. Das Innere der Kirche Saint Séverin. Die Fenster wurden von Jean Bizaine gemalt und 1970 eingesetzt. Sie sind nicht figurativ und versuchen so, die Vitalität der spirituellen, nicht sichtbaren Welt darzustellen. Diese Modernität kontrastiert mit der Architektur der Kirche, die aus dem 15. Jahrhundert stammt.

41. Das Café „Les Deux Magots" an der Place Saint-Germain-des-Prés, einst eine Hochburg der Existentialisten.

42. Die Kirche Saint-Germain-des-Prés. Ihr Glockenturm stammt aus dem Jahre 1000. Er ragt über den Turm, der als einziger der Zerstörung entkommen ist, heraus.

Ist dieses Viertel im Begriff, seine Eigenart zu verlieren? Die Buchhändler und Verleger sind gefährdet, etliche bereits fortgezogen. Nicht wegzuleugnen ist, dass der 'Drugstore Saint-Germain' bereits dem Mailänder Modeschöpfer Armani gewichen ist, dass auch andere berühme Namen der Mode- und Luxusbranche hier nach und nach Fuß fassen und mit ihnen zahlreiche Hersteller exklusiver Stoffe; außerdem sind hier die Antiquitätenhändler sowie die letzten Stadtteilkinos zu finden. Saint-Germain könnte sich mit seiner Mischung aus Kultur und Luxus leicht zu einer zweiten Avenue Montaigne entwickeln, obwohl hier eine völlig andere Atmosphäre herrscht: die des linken Seineufers.

Berühmte Parks und Gebäude

Die Akademie der Schönen Künste in der Rue Bonaparte, dort, wo der Augustinerkonvent 'Petits-Augustins' stand, lohnt ebenfalls eine Entdeckung. Vom Kloster sind Kirche und Kreuzgang erhalten. Das dem Louvre gegenüber liegende Institut de France ist der Großzügigkeit Mazarins zu verdanken, der sein Vermögen für die Errichtung eines Kollegs hinterließ. Le Vau arbeitet gerade am Louvre, als man ihm den Bau dieses Kollegs anbietet, daher die vollendete Harmonie beiderseits der Seine. Heute vereint das Institut verschiedene Akademien, darunter die Académie Française, in der, um ihn als Stifter zu ehren, Mazarin ruht.

Wenn man vom Quai d'Orsay spricht, handelt es sich um das neben dem Palais Bourbon gelegene Außenministerium. Dieses Palais, einem griechischen Tempel ähnelnd, wurde im 18. Jahrhundert von einer Tochter Ludwigs XIV. erbaut und war damals nur ein ebenerdiger Bau mit Dachterrasse. Nach einigem Hin und Her durch die Revolution erfuhr das Palais Bourbon 1807 die eine oder andere Veränderung, deren Wesentlichste die Fassadengestaltung in Entsprechung zur gegenüberliegenden Kirche Madeleine war. Heute tagen hier die Abgeordneten der Nationalversammlung.

Das Musée d'Orsay auf dem Quai Anatole-France ist ein ehemaliger, Ende des 19. Jahrhunderts gebauter und anlässlich der Weltausstellung von 1900 eingeweihter Bahnhof und das Bindeglied zwischen Louvre und Centre Pompidou. Unter der Präsidentschaft Giscard d'Estaings wurde beschlossen, diesen Bahnhof in ein Museum des 19. Jahrhunderts umzuwandeln. Es zeigt Sammlungen aus den Jahren 1848 bis 1914, dementsprechend findet man dort unterschiedliche Kunstformen; die Exponate stammen aus dem Louvre, dem Musée du Jeu de Paume, dem Palais de Tokyo und aus diversen anderen Quellen.

43. Englischsprachige Buchhandlungen im Quartier Latin, intellektueller Knotenpunkt.

Wenn man nach einem bewundernden Blick auf den für die Weltausstellung 1900 gebauten Pont Alexandre III. in westlicher Richtung weitergeht, stößt man auf die von Robert de Cotte in den Jahren 1704 bis 1720 gestaltete Esplanade des Invalides und das am Ende dieser Esplanade liegende, besonders beeindruckende Hôtel des Invalides. König Ludwig XIV. beschließt 1670 den Bau einer Einrichtung zur Aufnahme der meistens völlig mittellosen, kriegsversehrten Soldaten. Libéral Bruant errichtet von 1671 bis 1676 das Gebäude außerhalb der damaligen Stadtgrenzen. Ein Jahr später stellt Jules Hardouin-Mansart die Kirche Saint-Louis-des-Invalides fertig und errichtet in den Jahren von 1679 bis 1706 auch den Invalidendom. Der gesamte Gebäudekomplex ist ein architektonisches Meisterwerk der französischen Klassik, das von Größe und Glanz der königlichen Macht unter Ludwig XIV. zeugt. Napoleon I. wird eine außergewöhnliche Ehre zuteil, als sein Leichnam von Sankt Helena zurückkehrt. Am 15. Dezember 1840 findet eine Trauerfeier statt und Visconti wird beauftragt, ein dem Kaiser würdiges Grabmal zu bauen; dieser ruht seit dem 3. April 1861 in einer kreisförmigen Krypta. Unter Napoleon III. erstmals, dann 1934 abermals restauriert, wird der Invalidendom schließlich unter François Mitterrand zum 200. Jahrestag der Revolution neu vergoldet.

44. Das Institut de France, der Sitz der "Unsterblichen" der Akademie Française, deren Mitglieder so genannt werden.
45. Die französische Nationalversammlung, L'Assemblée Nationale.
46. Das Hôtel des Invalides.

47. Die Brücke Alexandre III. bei Nacht.

48. Einer der vier Eckpfeiler der Brücke Alexandre III., der ein vergoldetes, den Pegasus (das Dichterpferd aus der griechischen Sage) symbolisierendes Bronzepferd trägt.

49. Auguste Renoir, *Die Dame aus der Stadt (La dame à la ville)*. 1883. Öl auf Leinwand, 180 x 90 cm. Musée d'Orsay, Paris.

50. Ein Armleuchter der Brücke Alexandre III., verziert mit Puttenskulpturen von H. Gauquic.

51. Die *Porte de l'Enfer* am Musée Rodin.

Das linke Seineufer

Das Musée Rodin (früher Hôtel Biron), einen guten Steinwurf vom Invalidendom entfernt, ist ein relativ unbekannter Ort mit einem sehr schönen Garten. Es ist ein Stadthaus aus dem 18. Jahrhundert, in dem sich im 19. Jahrhundert zunächst das Kloster Sacré-Cœur und von 1908 bis zu seinem Tod im Jahr 1917 der Bildhauer Rodin niederlassen. Als es an den Staat fällt, macht dieser daraus ein dem Künstler gewidmetes Museum.

Die zwischen 1751 und 1772 erbaute Militärschule ist eine unter Ludwig XV. geschaffene Institution, die jungen und mittellosen Adligen eine hervorragende militärische Ausbildung ermöglichen sollte. Die Entwürfe stammen von Gabriel. Im Jahr 1784 erhielt Bonaparte dort seine Ausbildung, wenige Jahre vor ihrer Schließung in der Revolution. Heutzutage werden diese Räumlichkeiten nach wie vor vom Militär genutzt. Die dicht beieinander liegenden Prestige-Einrichtungen 'École Militaire' und 'Invalides' bilden eine geschlossene Einheit. Die Hauptfassade der Militärschule zeigt zum Marsfeld (Champ de Mars), dem ehemaligen, von Gabriel geschaffenen Paradeplatz, für den landwirtschaftliche Anbauflächen weichen mussten; die Revolution nutzte ihn, um am 14. Juli 1790 den ersten Jahrestag des Sturms auf die Bastille zu feiern. Weitere volkstümliche, festliche oder militärische Veranstaltungen folgten, ebenso die Weltausstellungen im 19. Jahrhundert und auch die des Jahres 1937, aber schon am Anfang des 20. Jahrhunderts wurde das Marsfeld in eine Parkanlage umgewandelt.

Der Eiffelturm steht direkt an der Seine. Zunächst ein Kuriosum in der Stadt, ist es zu ihrem weltweit berühmten Wahrzeichen geworden. Mit Blick auf die Weltausstellung errichtet 1889 der Ingenieur Gustave Eiffel in etwas mehr als zwei Jahren ein völlig neuartiges Bauwerk, bei dem es sich um eine überaus robuste, verhältnismäßig leichte und etwa 300 Meter hohe Stahlkonstruktion handelt. Der Eiffelturm hatte nicht nur bei seiner Errichtung zahlreiche Gegner und wäre sogar um ein Haar abgerissen worden. Seine Rettung waren die neuen Funk- und Fernsehtechniken, denn auf seiner Spitze wurden eine Fernsehantenne, die seine Höhe nochmals um ungefähr 20 Meter steigerte und ein Scheinwerfer angebracht, der für die Flugzeuge den Nachthimmel erhellte. Im Jahr 1987 wurde die Beleuchtung aber von Grund auf neu durchdacht und seitdem ist der Turm nachts herrlich angestrahlt, wodurch seine höchst filigrane stählerne Struktur angemessen zur Geltung kommt. Im morgendlichen Dunst aber reckt er sich träge in den Himmel und lässt lediglich seine Pfeiler hervorschauen.

52. Detail aus dem Brunnen Médicis. Es sind Figuren der "Idylle" von Theokrit zu erkennen.

53. Der Brunnen Médicis (Fontaine Médicis) von Salomon de Brosse im Jardin de Luxembourg. Der Künstler gibt sich hier als Erbe des Manierismus der Renaissance zu erkennen.

54. Detail aus dem Brunnen Médicis. Es sind Figuren der "Idylle" von Theokrit zu erkennen.

55. Das Palais de Luxembourg wurde zwischen 1615 und 1630 erbaut. Seine Linien und Symmetrie kündigen den französischen Klassizismus an.

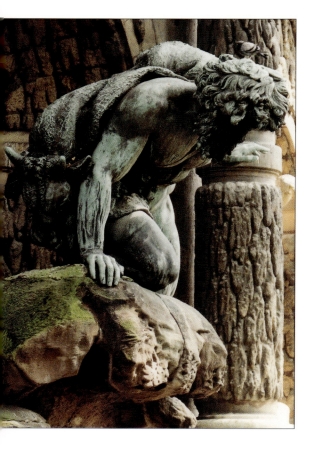

Das Palais Luxembourg

In der Nähe des Quartier Latin befinden sich das Palais du Luxembourg und der dazugehörige Park. Die Königin Maria von Medici, zweite Ehefrau von Heinrich IV., wollte den Louvre verlassen und erwarb 1612 das Hôtel du Petit Luxembourg und die benachbarten Grundstücke. Salomon de Brosse errichtete einen Palast mit französischem Grundriss und fügte auf Wunsch Maria von Medicis, die Heimweh nach ihrem florentinischen Palast hatte, italienisch angehauchte Elemente hinzu. Der berühmte Maler Peter Paul Rubens trägt zu dessen Ausschmückung bei. Sein Zyklus von vierundzwanzig Gemälden über das Leben der Königin ist heute im Louvre untergebracht. Im Jahr 1625 kaum eingezogen, reist sie bereits 1631 ins Exil. Das Bauwerk, das während der Revolution als Gefängnis dient, heißt nun nach seinem früheren Besitzer wieder Palais du Luxembourg. Von Chalgrin umgebaut und von Gisors erweitert, wird es dann zum Sitz des Senats. Der auch heute noch gern von Intellektuellen besuchte Jardin du Luxembourg nimmt unter den Grünflächen der Stadt eine ganz besondere Stellung ein. Den Brunnen 'Fontaine de Médicis' von Salomon de Brosse mit dem vom furchterregenden Polyphem überragten Liebespaar Acis und Galatea sollte man unbedingt gesehen haben.

Montparnasse

Südlich des Jardin du Luxembourg erstrecken sich die Gärten des 1667 gegründeten, ebenfalls von Chalgrin errichteten und noch immer genutzten Observatoriums bis zum Brunnen von Davioud aus dem Jahr 1873 mit den Skulpturen von Carpeaux und Frémiet.

Das Militärhospital Val-de-Grâce war einst ein Kloster. Anna von Österreich gelobte, eine Kirche zu bauen, sollte sie einem Thronfolger das Leben schenken. Nach dreiundzwanzig Jahren Ehe mit Ludwig XIII. bringt sie 1638 endlich den späteren Ludwig XIV. zur Welt. Sie löste ihr Gelübde ein und betraute Mansart mit den Bauarbeiten. Die Kirche Saint Paul-Saint Louis im Marais lieferte das Vorbild für diese Kirche im jesuitischen Stil, die eine hohe und überreich verzierte Kuppel krönt. Mit dem Kloster ist die Abteikapelle Saint-Louis verbunden.

Der Parc Montsouris im Pariser Süden ist eine jüngere Schöpfung der Jahre um 1870, in denen Alphand ungenutzte Flächen in einen englischen Park verwandelte, wobei er geschickt den abschüssigen Untergrund nutzte. Gleich neben dem Park öffnen sich Spaziergängern mit einem Quentchen Neugier einige Sackgassen mit bunt zusammengewürfelter Architektur, in denen die Zeit stillzustehen scheint. Auch die Cité Florale auf der anderen Seite des Parks besteht aus einer Ansammlung kleiner, beschaulicher Straßen mit Blumennamen.

56. Der 210 Meter hohe Tour Montparnasse mit seinen 59 Etagen. Auf der letzten befindet sich die höchste Terrasse von Paris.
57. Einkaufszentrum im chinesischen Viertel Tolbiac.
58. Das chinesische Neujahrsfest.

Etwas weiter im Westen beherrscht ein bedeutender, Anfang der 1960er Jahre begonnener Gebäudekomplex den Boulevard du Montparnasse. 'Maine-Montparnasse' ist ein Büroviertel mit einem unübersehbaren, 210 Meter hohen und 58 Stockwerke enthaltenden Wolkenkratzer (dennoch wird ein Geschäftszentrum mit seinen zahlreichen Hochhäusern im Westen der Stadt, im Viertel 'La Défense', entstehen), aber auch mit Einkaufszentren und Freizeiteinrichtungen. Der 1848 hier errichtete Bahnhof Montparnasse wurde, um den stetig wachsenden Schienenverkehr aufzunehmen, völlig umgebaut. Im vergangenen Jahrhundert war Montparnasse ein Arbeiter- und so genanntes Kleine-Leute-Viertel in einem ländlichen Bereich. Als der Ort durch die vom Montmartre hierher gezogenen Künstler berühmt wurde, stellte sich rasch eine heitere Atmosphäre ein, zu der unter anderem Picasso, Modigliani und Kisling beitrugen. Auch Kiki de Montparnasse und Man Ray kommen einem in den Sinn. Ein paar Künstlerateliers gibt es noch immer. Die beiden kleinen Museen Bourdelle und Zadkine geben sicherlich eine Vorstellung von der einstigen Atmosphäre in diesem Viertel.

Die Wohnbebauung im südöstlichen Teil von Paris ist eine Mischung aus 19. Jahrhundert und großen Hochhäusern. Sanierungsarbeiten werten aber heute das Viertel auf. Der ganze Bereich Place d'Italie-Choisy-Tolbiac ist jetzt eine asiatische Enklave mit eigenen Sitten und Gebräuchen. Ein Spaziergang in dieser vom Tourismus wenig beachteten Pariser Ecke macht Spaß und versetzt den Besucher in eine völlig andere Welt.

59. Das Wappen von Paris, Fluctuat nec mergitur, auf dem Portal des Rathauses von Paris (Hôtel de Ville).
60. Detail aus dem Uhrwerk des Rathauses. Sie enthält als Inschrift die Devise der französischen Revolution: Freiheit, Gleichheit, Brüderlichkeit.
61. Eine Glastür im Rathaus ermöglicht einen Blick auf eine Wendeltreppe.
62. Das Rathaus im Sommer.

DAS RECHTE SEINEUFER

Der Besiedlung des linken Seineufers folgte die Entwicklung des rechten Ufers, dessen Lage wesentlich ungünstiger war, da der frühere rechte Arm der Seine sumpfiges Gelände hinterlassen hatte.

Das Hôtel de Ville

Vier Brücken verbinden die Cité mit dem rechten Ufer, darunter der Pont au Change, der zur Place du Châtelet führt, einer im Mittelalter recht ungesunden Gegend. Die Anfänge der Pariser Stadtverwaltung entstanden im 'Parloir aux Bourgeois' nahe des Châtelet. Der Vogt Etienne Marcel lässt sich 1357 in der 'Maison aux Piliers' an der Place de Grève nieder, dort, wo sich heute das Hôtel de Ville befindet und der 1830 dann zur Place de l'Hôtel-de-Ville und vor einigen Jahren zu einer Fußgängerzone umgewandelt wurde. Franz I. lässt wieder ein größeres Gebäude im Renaissancestil errichten, das erst unter Heinrich IV. fertiggestellt wird. Im Mai 1871 wird das Hôtel de Ville in Brand gesteckt. Von Ballu und Deperthes in den Jahren von 1874 bis 1882 wieder aufgebaut, besitzt es prachtvoll ausgeschmückte Innenräume. Paris hatte allerdings nicht immer ein Stadtoberhaupt, denn die politischen Machthaber hatten nie großes Vertrauen zu den Parisern. Bürgermeister wurden nur in den Jahren von der Französischen Revolution an bis 1871 gewählt, und danach bekommt Paris erst 1977 wieder einen Bürgermeister, den später zum Staatspräsidenten gewählten Jacques Chirac. Der in der Hauptstadt allgegenwärtige Staat behält sich die Polizeigewalt vor, denn es galt in Paris immer wieder, Aufstände, Barrikaden und Unmutsäußerungen einzudämmen.

Zu beiden Seiten der Place du Châtelet errichtete Davioud 1862 zwei Theater; die weithin sichtbare Tour Saint-Jacques ist der Glockenturm der unter dem Direktorium[11] zerstörten, aus dem 16. Jahrhundert stammenden Kirche Saint-Jacques-la-Boucherie.

---

11. Oberste Regierungsbehörde der 1. Republik, regierte von 1795 bis 1799 und wurde von Napoleon abgesetzt.

63. Die noch intakten alten Stadtmauern im Village Saint Paul.

64. Ein Brunnen in der Nähe des Lycée Charlemagne, im Village Saint Paul.

65. Statue der Johanna von Orléans.

66. Altes Schild in der Nähe der Place Saint Gervais im 4. Arrondissement.

Das Marais

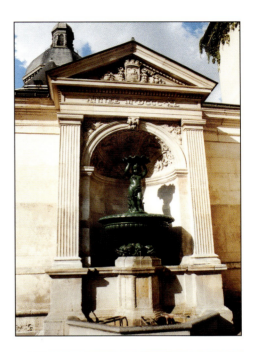

Das Quartier Marais östlich des Châtelet, das von der Seine bis zur Rue de Turbigo und von den großen Boulevards bis Beaubourg reicht, besitzt eine ganz besondere Atmosphäre. Im 13. Jahrhundert lassen sich dort eine Reihe Klöster nieder und beginnen, das Land zu bestellen. König Karl V. verlässt seinen Palast auf der Cité und errichtet zwischen der Rue Saint-Antoine und dem Quai des Célestins das Hôtel Saint-Paul, von dem aber nichts erhalten geblieben ist. Karl VII. siedelt in das Hôtel des Tournelles um, das nun königlicher Wohnsitz wird. Heinrich II. wird 1559 bei einem Turnier in der Rue Saint-Antoine tödlich verwundet und seine Witwe, Katharina von Medici, lässt deswegen das Hôtel des Tournelles abreißen, das damit ebenfalls restlos verschwunden ist. Heinrich IV. beschließt mit Unterstützung seines Ministers Sully im Jahr 1605, einen großzügigen, von Adelspalästen umgebenen Platz zu bauen, die Place Royale, deren Architektur strenge Vorgaben erfüllt. So entsteht ein höchst einheitlicher, von der französischen Renaissance geprägter Stil. Im Jahr 1800 wird daraus die Place des Vosges. Im Marais stehen auch heute noch zahlreiche Adelspaläste. Das Hôtel Carnavalet in der Rue de Sévigné stammt aus der Mitte des 15. Jahrhunderts und wurde von François Mansart renoviert. Seit 1866 im Besitz der Stadt Paris, wurde es zum stadtgeschichtlichen Museum.

Das Hôtel de Sens, in unmittelbarer Nähe des Quai des Célestins gelegen, ist, abgesehen vom Hôtel de Cluny, das einzige mittelalterliche Zeugnis in der Stadt. Erbaut im ausgehenden 15. Jahrhundert von den Erzbischöfen von Sens, denen das Bistum Paris unterstand, wohnte darin später die leichtlebige Königin Margot, noch später befand sich hier unter anderem eine Posthalterei. Die Stadt Paris erwarb 1911 das nahezu verwaiste Gebäude, aus dem nach der Restaurierung die Bibliothèque Forney (Kunstgewerbe und gestaltendes Handwerk) wird.

Das Hôtel de Sully wurde 1624 von Cerceau erbaut und von Sully erworben, der so viel für die Place des Vosges, vormals Place Royale, getan hat. Das ganz besonders gelungen restaurierte Palais ist charakteristisch für die Architektur des 17. Jahrhunderts und beherbergt heute die Nationale Photographische Sammlung.

Auf ruhmreiche Zeiten folgte für das Marais eine Zeit nachlassender Beliebtheit. Die Stadthäuser wurden nicht mehr gepflegt, die Wohnungen verfielen. Das Handwerkerviertel Marais wurde zum Armenviertel, dessen Sanierung Malraux in den 1960er Jahren beschließt. Es ist insgesamt wieder schöner geworden und reizt zum flanieren. Zwar hat sich hier in den letzten Jahren eine homoerotische Gemeinde niedergelassen, es gibt aber auch noch ein paar unverfälschte Straßenzüge, etwa die Rue des Rosiers und die Rue des Ecouffes, das jüdische Viertel des Marais.

67. Eine aufwendig verarbeitete Tür.
68. Die Tür des provenzalischen Restaurant "Aux Anysetiers du Roy" auf der Ile Saint Louis. Es wurde in den 1960er Jahren sehr bekannt und häufig von Prominenten wie Salvador Dali, Brigitte Bardot, Jerry Lewis etc. besucht.
69. Das Hôtel de Sully mit seinen im Renaissancestil errichteten Fassaden.
70. Die Opera Bastille ist von beeindruckender Grösse und bietet 2700 Zuschauern Platz. Diese Oper ist ein moderner Bau und für alle zugänglich.

Die Bastille, das Wahrzeichen der Französischen Revolution, war eine zwischen 1370 und 1382 von Karl V. erbaute Festung, mit der er seine Residenz, das Hôtel Saint-Paul, schützen wollte und in der Gefangene allein aufgrund einer willkürlichen Entscheidung des Königs inhaftiert waren. Erst kurz vor der Revolution werden diese wahllosen Verhaftungen abgeschafft, um die Bevölkerung etwas zu beruhigen. Am 14. Juli 1789, als einige Hundert Menschen in rasender Wut gegen die Bastille anrennen, befinden sich deswegen dort gerade noch sieben bedauernswerte Gefangene. Die Festung, Sinnbild der königlichen Macht, wird vom Volk geschleift. Auf der nach den Revolutionstagen des Juli 1830 errichteten Juli-Säule inmitten des Platzes erhebt sich der 'Geist der Freiheit'. Hier entstand ein regelrechter Verkehrsknotenpunkt, der Faubourg Saint-Antoine, der das Marais und République miteinander verknüpft. Die Opéra Bastille, ein sehr modernes, von Carlos Ott erbautes und 1989 zur Zweihundertjahrfeier der Revolution fertiggestelltes Gebäude, dessen Betrieb sich erst nach einigen Anlaufschwierigkeiten eingependelt hat, steht nun an der Stelle des einstigen Bahnhofs Bastille.

Les Halles Beaubourg

Das Erscheinungsbild des Viertels Les Halles Beaubourg hat sich seit den 1960er Jahren völlig verändert. Anfang des 12. Jahrhunderts entsteht in Champeaux, dem geplanten 'Quartier des Halles' ein Umschlagplatz für Waren aller Art, da der an der Place de Grève gelegene Markt zur Versorgung der Stadt nicht mehr ausreicht. Im zweiten Kaiserreich baut Baltard von 1854 bis 1866 hauptsächlich aus Glas und Stahl mehrere große Pavillons, die berühmten Markthallen. Durch den rasch zunehmenden Straßenverkehr kam es aber immer öfter zu Verkehrsstaus. Deswegen wurde 1962 die Verlegung der Hallen an den südlichen Stadtrand von Paris, nach Rungis, beschlossen und die Pavillons werden trotz wütender Proteste von allen Seiten abgerissen.

71. Detail des Centre Pompidou mit Blick auf die Rue de Renard. Die Architektur hat einen für Museen auf der Welt einzigartigen Industrie-Stil mit seiner Glasfassade und seiner Metallstruktur. (Treppen und aussen angebrachte rote, blaue und grüne Rohre).

72. Die Wasserstatuen Nicky de Saint Phalle und Tinguely in der Nähe des Centre Pompidou.

73. Das Forum des Halles mit der Kirche Saint Eustache im Hintergrund. Sie bilden einen interessanten Kontrast zwischen klassischer und moderner Architektur.

74. Das Forum des Halles, das einzige große Einkaufs- und Freizeitzentrum im Herzen von Paris.

75. Der Brunnen der Unschuldigen, Fontaine des Innocents.

Georges Pompidou wünscht 1969, der Öffentlichkeit ein modernes und allen zugängliches Kulturzentrum zur Verfügung zu stellen. Die Ausschreibung gewinnen die Architekten Piano und Rogers, die ein sehr umstrittenes Bauwerk schaffen. Das 1977 eingeweihte Centre Pompidou, auch Beaubourg genannt, ist sehr gut besucht und hat nach intensiven Renovierungs- und Umbauarbeiten vor kurzem wieder eröffnet. Auf der anderen Seite des Boulevard Sébastopol wird ein Einkaufszentrum, das 'Forum des Halles' gebaut. In diesem Viertel, dem es bis dahin an Grünflächen mangelte, wurden hübsche Parks angelegt. Umliegend gibt es noch alte Straßen, die an das mittelalterliche Paris erinnern. Der 1550 vom Bildhauer Jean Goujon geschaffene Renaissance-Brunnen 'Fontaine des Innocents' ist ein Meisterwerk. Hier befand sich bis zu seiner Beseitigung im Jahre 1780 der Friedhof 'des Innocents', der 'Unschuldigen', ein wahres, einen ekelhaften Gestank verbreitendes Massengrab. Die Gebeine wurden in stillgelegte Steinbrüche verbracht, aus denen die Katakomben von Denfert-Rochereau entstanden.

Ab dem Jahr 1532 wird an der Stelle einer mittelalterlichen Kapelle die Kirche Saint-Eustache errichtet. Ihr gotischer Grundriss ähnelt dem von Notre-Dame, ansonsten ist sie eine Renaissance-Kirche. Die Fassade wurde erneuert und hat den Reiz dieses Zeitalters verloren, nach einem Brand im 19. Jahrhundert übernahm Baltard ihre Restaurierung.

76. Der Louvre von den Tuileriengärten aus gesehen.
77. Die vier Pyramiden im Herzen des quadratischen Platzes.

Am rechten Seineufer entlang
Der Louvre

Die Rue de Rivoli durchquert einen Teil des Marais und führt geradewegs vom Hôtel de Ville zur Place de la Concorde. Nach dem sehr kommerziellen Abschnitt dieser Straße wandelt sich die Atmosphäre, man nähert sich der Place du Palais-Royal. Der rechter Hand befindliche Louvre des Antiquaires ist ein luxuriöser Ort, an dem man, von Wind und Wetter unbehelligt, bummeln kann. Gegenüber befindet sich der Louvre, der auf eine bereits im Jahr 1200 von dem immer noch auf der Cité residierenden Philipp II. August errichtete

Festung zurück geht, die als Kerker und zum Schutz des Staatsschatzes dient. Im 14. Jahrhundert macht Karl V. sie zwar bewohnbar, jedoch nicht zu seiner Residenz. Mit der Gründung der ersten königlichen Bibliothek beginnt sich dann die kulturelle Bestimmung des Louvre abzuzeichnen. Die Könige verlassen den Königspalast auf der Cité, um zunächst im Marais und später im Loiretal zu residieren. Der Louvre wird aufgegeben. Auf dem Höhepunkt der Renaissance reißt Franz I. im Jahr 1527 den Donjon des Louvre ab und beauftragt den vom Bildhauer Jean Goujon unterstützten Pierre Lescot mit den Bauarbeiten für den Süd- und der Westflügel der Cour Carrée. Heinrich II. und später Heinrich III. setzen das Werk fort.

78. Der "Arc de Triomphe du Carrousel" am Eingang des Jardin du Carrousel. Er gehört jetzt zu den Tuilerien.
79. Die Quadriga auf dem Triumphbogen des Carrousel.

80. Die Orangerie der Tuilerien.
81. Statue in den Tuilerien.
82. Leonardo da Vinci, Portrait der *Mona Lisa*, genannt *La Joconda*, 1503-1506. Holz, 77 x 53 cm. Musée du Louvre, Paris.

Als Katharina von Medici das Hôtel des Tournelles verlässt, beschließt sie, sich einen Palast in der Nähe des Louvre errichten zu lassen. Philibert Delorme beginnt 1563 die Arbeiten, Jean Bullant setzt sie bis 1572 fort, aber erst 1594 werden sie von Heinrich IV. wieder aufgenommen. Die Pavillons 'Flore' und 'Marsan' werden errichtet. Die Königin wünscht einen wettergeschützten Durchgang, um sich vom Louvre in die Tuilerien begeben zu können, deswegen werden die Petite Galerie (1566) und die Galerie du Bord-de-l'Eau (1598 bis 1608) errichtet, die diese Verbindung ermöglichen. Ludwig XIII. erweitert den Louvre um den Pavillon de l'Horloge und die Verlängerung des Ostflügels durch Lemercier, später lässt Ludwig XIV. durch Le Vau den Südflügel verlängern und die Nord- und Ostflügel errichten. Da die Architekten den Stil Pierre Lescots wahrten, wurde die Cour Carrée harmonisch geschlossen. Ludwig XIV. wendet sich sodann an Bernini, damit dieser ihm eine prunkvolle Fassade errichte. Trotz seiner Berühmtheit kommt dessen Entwurf aber nicht zum Zug. Charles Perrault führt die Kolonnade an der Ostfassade aus und setzt sein Werk an den Nord- und Südseiten fort.

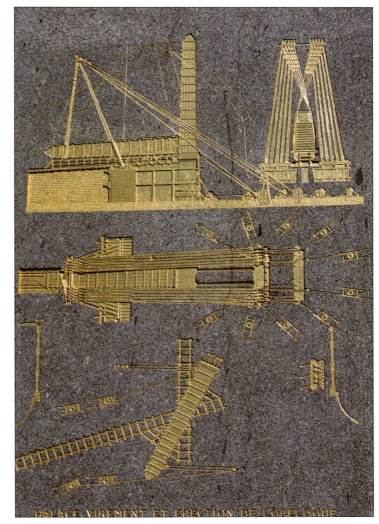

In der Zwischenzeit verwandelt Ludwig XIV. das von Ludwig XIII. in Versailles gebaute Jagdschlösschen in ein ihm, dem Sonnenkönig, würdiges Schloss und zieht 1680 dort ein. Die Arbeiten am Louvre werden unterbrochen, man überlässt ihn einmal mehr seinem Schicksal. Manch einer macht sich das zunutze, um sich dort, berechtigt oder nicht, einzunisten; alle Gedanken an das glanzvolle Projekt Ludwigs XIV. sind zwar verschwunden, doch wird der Palast in letzter Sekunde gerettet. Der vom Volk ungeliebte Ludwig XVI. wird 1789 in die Tuilerien zurückgezwungen, die er am 13. August 1792 für immer verlässt.

Napoleon I. nimmt die Außen- und Innenarbeiten wieder auf und errichtet 1808 auf der erweiterten Place du Carrousel einen Triumphbogen nach antikem Vorbild, um die Heldentaten seiner Armee zu rühmen. Er hatte sogar zum größten Leidwesen der Venezianer die Frechheit, dort die Quadriga der Pferde von San Marco aufzustellen, die diese selbst 1204 bei er Eroberung Konstantinopels geraubt hatten. Aber 1815 wird Napoleon I. gestürzt und die Quadriga kehrt nach Venedig zurück. Während der Restauration gestaltet Bosio eine neue Quadriga.

83. *Der Kuss (Le Baiser)* von Rodin, Bronze, in der Orangerie des Tuileries.
84. Der Obelisk von der Place de la Concorde.
85. Detail des Obelisk.

Napoleon III. vollendet den Louvre so, wie wir ihn heute kennen, die Tuilerien jedoch brennen während der Aufstände der Pariser Kommune (1871) nieder; der Louvre bleibt nur knapp verschont. So erstreckt sich die Bauzeit des Louvre über mehrere Jahrhunderte und wird nach und nach mit Kunstwerken aller Art gefüllt. Der einstige Palast wurde schon 1793 ein öffentliches Museum. Unter Napoleon I. gab es einen beachtlichen Zustrom an Kunstwerken, die aber nach dem Sturz des Kaisers teilweise zurückgegeben wurden. In den Jahren um 1980 wollte François Mitterrand den Louvre zum größten Museum der Welt machen. Um seinen so genannten 'Grand Louvre' zu verwirklichen, verlegte das Finanzministerium seine Büros aus dem Richelieuflügel nach Bercy. Der amerikanisch-chinesische Architekt Ieoh Ming Pei errichtete in der Cour Napoléon eine große und drei kleine Glaspyramiden. Anlässlich der Zweihundertjahrfeier der Französischen Revolution im Jahr 1989 wird die Pyramide eingeweiht. Anfangs mit Kritik überhäuft, scheint sie heute genau hierher zu passen. Nachts ist das Ganze von ergreifender Schönheit. Die Pyramide ist durch eine Wendeltreppe mit dem Untergeschoss des Louvre verbunden, durch dessen weitläufige, lichtdurchflutete Vorhalle man das Museum betritt.

Nachdem sich bereits Malraux tatkräftig für ihn eingesetzt hatte, wurde der Louvre also in den letzten Jahren erheblich umgebaut und zeigt orientalische, ägyptische, griechische, etruskische und römische Altertümer, Zeichnungen, Skulpturen, Kunstgegenstände vom Mittelalter bis zur ersten Hälfte des 19. Jahrhunderts, Gemälde des 16. bis 19. Jahrhunderts sowie vorübergehende Ausstellungen und seine eigene Geschichte. Dieses Museum hat demgemäß, sowohl bei Franzosen wie bei ausländischen Besuchern, einen durchschlagenden Erfolg. Sie kommen in Scharen, um die 'Mona Lisa' von Leonardo da Vinci, die 'Hochzeit zu Kana' von Veronese, die 'Venus von Milo', den 'Sieg von Samothrace', den Sitzenden Schreiber und viele andere Meisterwerke der französischen, italienischen, spanischen und nordischen Meister zu bewundern. Ein intensiver Besuch des Louvre nimmt mehrere ganze Tage in Anspruch.

Der Louvre und der Tuilerienpalast bildeten eine schöne bauliche Einheit. Die Tuilerien gibt es nicht mehr, nur die Gärten sind erhalten, aber von dort aus eröffnet sich eine außergewöhnliche Perspektive auf die Concorde, die Champs-Élysées, den Place de l'Étoile und, ganz in der Ferne, La Défense.

86. Brunnen an der Place de la Concorde.
87. Der Obelisk de la Concorde und der Eifelturm.
88. Die Kirche la Madeleine.

Die Tuilerien

Die Tuileriengärten zwischen Carrousel und Concorde sind heute ein typisches Beispiel geordneter und symmetrisch angelegter französischer Gärten. Katharina von Medici ließ Brachland in einen italienischen Park mit Brunnen, Grotten und Menagerie verwandeln und machte ihn zum mondänen Ausflugsort. Unter Ludwig XIV. bat 1664 der äußerst einflussreiche Minister Colbert den großen Gartenbaumeister Le Nôtre, die Tuileriengärten umzugestalten. Dieser entwirft die 'Terrasse des Feuillants' im Norden und die 'Terrasse du Bord-de-l'Eau' im Süden, wobei eine Allee als Mittelachse diese einmalige Perspektive ermöglicht. Der Park wird mit so großem Erfolg für die Allgemeinheit geöffnet, dass dort sogar Stühle vermietet werden. Später, als der Regent Philippe II. von Orléans das Palais Royal zu einer Stätte der Ausschweifungen macht, verwandeln sich die Gärten bei Einbruch der Nacht in einen Sündenpfuhl. Im Juni 1794 beginnt hier das 'Fest des Höchsten Wesens', das sich auf dem Marsfeld fortsetzt. Bis heute sieht der Tuileriengarten größtenteils so aus, wie Le Nôtre ihn angelegt hat. Im Park sind zahlreiche Skulpturen, unter anderem von Coysevox, Coustou und Maillol, verteilt.

Das ganz am Rande des Tuileriengartens von Napoleon III. initiierte Musée du Jeu de Paume beherbergt wechselnde Ausstellungen. Das Musée de l'Orangerie hütet und zeigt die 'Seerosen' von Claude Monet sowie zahlreiche Werke der Pariser Schule (Picasso, Modigliani, Utrillo, Renoir, Cézanne u. a.).

Die Place de la Concorde

Die überdimensionale, nach allen Seiten offene Place de la Concorde ist nachts herrlich beleuchtet. Auf sumpfigen Flächen, die im Besitz von Ludwig XV. waren, legte der Architekt Gabriel zu Ehren des Königs einen achteckigen Platz an. Ein Reiterstandbild wird bei Bouchardon und Pigalle in Auftrag gegeben. Im Hintergrund der Place Louis XV. errichtet Gabriel zwei imposante Gebäude. Das rechte ist das Marineministerium und das linke beherbergt unter anderem das luxuriöse Hôtel Crillon. Die Bauarbeiten dauern etwa zwanzig Jahre, von 1755 bis 1775. Das Standbild Ludwigs XV. wird 1792 entfernt und auf dem nun zur Place de la Révolution gewordenen Platz durch die Guillotine ersetzt. Ludwig XVI. stirbt am 21. Januar 1793 unter dem Fallbeil, gefolgt von mehr als tausend Opfern, unter ihnen am 16. Oktober desselben Jahres die Königin Marie-Antoinette. Die Hinrichtungen sollten bis 1795 andauern. Danach, unter dem Direktorium, erhält der Platz seinen heutigen Namen: Place de la Concorde.

89. Statue auf dem Dach des Grand Palais.
90. Blick auf die Champs-Élysées und den Triumphbogen.
91. Der Arc de Triomphe, Ausschnitt.

In der Platzmitte erhebt sich der von den Ruinen des Tempels von Luxor stammende Obelisk, den Karl X. 1829 als Geschenk erhielt. Erst 1836 nimmt er hier seinen Platz ein. Auf der Seite der Champs-Élysées befindet sich eine Nachbildung der 'Marly-Pferde' von Coustou, auf der Seite der Tuilerien eine Kopie der 'Geflügelten Pferde' von Coysevox. In den Ecken stehen auf von Gabriel entworfenen Sockeln Statuen, die acht französische Städte darstellen.

Links und rechts der Place de la Concorde

92. Eine Metrostation.
93. Die Säulen von Daniel Buren vor dem Palais Royal.
94. Die beweglichen Stahlkugelskulpturen von Pol Bury.

Zwischen den beiden einstigen Adelspalästen führt die Rue Royale aus dem Jahr 1732 nicht nur zur Kirche Sainte-Marie-Madeleine, genannt 'Madeleine', sondern auch am Restaurant Maxim's (gegründet 1890) vorbei, das in der Belle Epoque dafür berühmt war, dass hier eine ganze Reihe schöner Lebedamen verkehrten.

Die Madeleine ähnelt einem griechisch-römischen Tempel. Die Bauarbeiten begannen im Jahre 1764, aber erst 1842 wird die Kirche geweiht. Sie besitzt ein einziges Kirchenschiff, drei Kuppeln und weder Glockenturm noch Kreuz. Eine umlaufende Kolonnade umschließt sie, das Peristyl krönt ein das Jüngste Gericht darstellendes Gipfelfries von Lemaire. Eine Außentreppe mit ungefähr dreißig Stufen verleiht ihr eine erhabene Würde.

Nach der Gestaltung der Place Louis XV. gelangt man über den Pont Louis XVI. (Pont de la Concorde) zur französische Nationalversammlung. Ironie der Geschichte: für den Bau der Brücke wurden aus dem Abriss der Bastille stammende Steine wieder verwendet.

Die Champs Élysées

Von der Place de la Concorde erstrecken sich Grünanlagen bis zum Rond-Point des Champs-Élysées. Le Nôtre gestaltete 1667 die Flächen, die sich in Richtung des Pariser Westens ausdehnen. Dies sind die Gärten der Champs-Élysées, in denen vereinzelt einige Theater und Luxusrestaurants liegen.

Die Weltausstellung von 1900 hinterließ Bauwerke, die nicht zwangsläufig Bestand haben sollten. Das Grand Palais, eine reine Stahl- und Glasdachkonstruktion, beherbergt wechselnde Ausstellungen, aber aufgrund seines heruntergekommenen Zustands wurde beschlossen, es zur kompletten Renovierung für die Öffentlichkeit vorläufig zu schließen. An das Grand Palais reiht sich das für sein Planetarium berühmte, 1937 gebaute Palais de la Découverte an. Das ebenfalls derzeit in der Renovierung befindliche Petit Palais enthält die Kunstsammlungen der Stadt Paris. Dieser eindrucksvolle Gebäudekomplex barocker Prägung entspricht nicht so recht dem französischen Gemüt und war damals sehr umstritten.

Die Champs-Élysées gelten als die schönste Prachtstraße der Welt. An die Gärten anschließend, führt sie seit 1724 auf die Butte de Chaillot zu, die spätere Place de l'Étoile. Diese Avenue erlangte im 19. Jahrhundert nach und nach ihren städtischen Charakter. Hier promenierte damals nur die vornehme Gesellschaft, im 20. Jahrhundert jedoch wurde sie vermehrt allen Bevölkerungsschichten zugänglich, ein paar noble Adressen gibt es hier allerdings immer noch. Die in der Tat

95. Die Place Vendôme mit der 44 Meter hohen Säule von Austerlitz (Colonne d'Austerlitz) oder auch die Säule der Großen Armee (La colonne de la Grande Armée). Sie wurde in Erinnerung an die Glanzleistungen der Truppen Napoleons errichtet.

96. Die Säule der Place de Vendôme.

äußerst prestigeträchtige Avenue wurde vor kurzem neu gestaltet. Hier zieht alljährlich am 14. Juli die Militärparade vom Étoile bis zur Concorde hinunter, hier feierte Paris seine Befreiung und die französischen Fußballmannschaften zogen hier nach ihren Siegen bei der Welt- und der Europameisterschaft in einem unbeschreiblichen Freudentaumel entlang. Die 'Champs' sind ein in der ganzen Welt bekanntes Wahrzeichen.

Die umliegenden Straßen sind ein reines Geschäfts- und Luxusviertel. In diesem Teil des 8. Arrondissements drängen sich Kunstgalerien und Luxusgeschäfte. Im Faubourg Saint-Honoré befinden sich der Élysée-Palast (der Palast des jeweiligen Staatspräsidenten), die gegenüber den Champs-Élysées erheblich ruhigere Avenue Montaigne und die Rue François Ier. Die hier seit vielen Jahren ansässige französische Haute Couture brachte in ihrem Schlepptau die Italiener und Amerikaner mit.

Der Parc Monceau, ehemaliges Jagdrevier derer von Orléans, ist ein sehr gepflegter, den Charakter dieser vornehmen Wohngegend widerspiegelnder englischer Garten. Im 18. Jahrhundert zeichnet Carmontelle die ersten Entwürfe und lässt dabei seiner Phantasie freien Lauf. In der Folgezeit der Verwahrlosung anheimgefallen, kommt er zu neuen Ehren, als die Bankiers Péreire einen Teil des Parks parzellieren, während Alphand, ein Mitarbeiter Haussmanns, den anderen Teil als Park anlegt.

Der Arc de Triomphe

Die Place Charles-de-Gaulle-Étoile am oberen Ende der Champs-Élysées, Ausgangspunkt von zwölf herrlichen Prachtstraßen, wird auf einem abgetragenen Hügel angelegt. Den Triumphbogen errichtete Chalgrin auf Verlangen Napoleons I., um dessen Armee zu ehren. Louis-Philippe vollendete die Arbeiten, den Platz gestaltete Haussmann. Dieser antikisierende Triumphbogen ist weit größer als der am Carrousel. Die 'Marseillaise' von Rude auf der den Champs-Élysées zugewandten Front ist ein Meisterwerk. Die Bildhauer Etex und Cortot wirkten an der Ausschmückung des Denkmals ganz erheblich mit. Die Gebäude, die den Platz umgeben, weisen von Hittorff aus dem Jahr 1854 stammende einheitliche Fassaden auf.

Am 11. November 1920 wird ein unbekannter, bei der Schlacht um Verdun während des I. Weltkriegs (1914 bis 1918) gefallener Soldat unter dem Denkmal bestattet. Allabendlich wird zum Gedenken an alle für Frankreich gefallenen Soldaten die ewige Flamme neu entzündet.

Außerhalb der Stadt, in der Verlängerung der Achse Tuileries-Concorde-Étoile, entstand vor ungefähr 40 Jahren das Viertel La Défense mit dem CNIT (Zentrum für Industrie und Technik), gefolgt vom Bau zahlreicher Wolkenkratzer. Dieses Geschäftsviertel ist das 'Manhattan' von Paris.

Place du Trocadéro

Auf dem Rückweg zum Étoile lohnt es sich, einen kleinen Abstecher zur Place du Trocadéro zu machen. Katharina von Medici hatte auf diesen Anhöhen ein Landhaus gebaut, aus dem später ein Kloster

97. Das Palais Garnier, die Oper von Paris, wurde im prunkvollen Stil des Zweiten Empire erbaut. Es sollte die Oper in der Rue Le Peletier ersetzen, die im Jahre 1871 bei einem Brand zerstört wurde.

98. Statue auf der Kuppel der Oper.

99. Die Statue auf dem Dach der Oper stellt eine Tanzszene dar.

wurde. Napoleon I. lässt es niederreißen, um einen Palast zu errichten. Doch bleibt ihm nicht genügend Zeit, seine Pläne zu realisieren. Im Jahr 1878 wird zwar ein erster Palast errichtet, aber anlässlich der Weltausstellung von 1937 entsteht an dieser Stelle das Palais de Chaillot, ein modernes, symmetrisches Bauwerk, bestehend aus zwei durch geschwungene Flügelbauten verlängerte Pavillons zu beiden Seiten einer Terrasse, die das Marsfeld und die Militärschule überragen. Auf diesem 'Parvis des Droits de l'Homme' (Platz der Menschenrechte) tummeln sich regelmäßig protestfreudige Demonstranten. Das Palais de Chaillot, das sich in einer vornehmen, bürgerlich bis feinen und relativ jungen Wohngegend befindet, beherbergt das Marine- und das Völkerkundemuseum, das Museum der französischen Denkmäler, das Nationaltheater von Chaillot und ein Filmarchiv. Die Gärten ziehen sich bis hinunter an die Seine und viele Touristen suchen Abkühlung beim Wasserbecken und bei den Springbrunnen.

Am westlichen Rand

Früher kamen die vermögenden Pariser zur Sommerfrische in die Dörfer Passy und Auteuil. Davon klingt noch ein gewisser Zauber nach. In diesem 16. Arrondissement wurden zahlreiche Immobiliengeschäfte abgewickelt. Um 1900 errichtet der Architekt und Designer Hector Guimard, als Reaktion auf Haussmanns starre Ordnung, Häuser und

100. Die Galerie Vivienne, eine der alten Ladenpassagen.
101. Buchhandlung in der Galerie Vivienne.
102. Die Passage Jouffroy.
103. Das Musée Grévin.

Gebäude in einem ganz persönlichen Stil, dem Jugendstil. Einen Katzensprung von hier entfernt hat das Musée Guimet, das bedeutendste Museum für asiatische Kunst der Welt, nach fünfjähriger Schließung wieder eröffnet.

104. Das Moulin Rouge ist eins der berühmtesten Varietés von Paris. Es wurde am 6. Oktober 1889 eröffnet. Seine Väter, Joseph Oller und Charles Zidler, bezeichneten das Etablissement als den "ersten Palast der Frauen" und wünschten sich, dass es der bedeutendste Musik-und Tanztempel überhaupt würde.

Im einstigen Dorf Auteuil zeugen heute noch vereinzelte Villen, Villen-Ensembles und Sackgassen vom zurückgezogenen Leben seiner Bewohner, weitab von der Hektik des Hauptstadtzentrums.

Der Bois de Boulogne im Westen ist eine Pariser Enklave zwischen den beiden Stadtrandgemeinden Neuilly und Boulogne. Der einstige, der königlichen Jagd vorbehaltene Wald von Rouvray war wesentlich ausgedehnter als heute. Zunächst von Colbert mit schnurgeraden Straßen angelegt, verwüsten ihn 1815 die englischen Truppen. Napoleon III. betraut Haussmann und Alphand damit, diesen Wald in einen englischen Park mit Seen, Wasserfällen und verschlungenen Alleen zu verwandeln. Unweit von hier befinden sich die berühmten Pferderennbahnen von Auteuil und Longchamp. Das große Unwetter vom 26. Dezember 1999 hat aber den Bois de Boulogne so stark in Mitleidenschaft gezogen und vor allem gelichtet, dass man ihn auch heute noch kaum wiedererkennt.

105. Die Porte Saint Martin.
106. Die Basilika Sacré Coeur.

Palais Royal, Oper und Place Vendôme

Kardinal Richelieu kauft ein hinter dem Louvre gelegenes Stadthaus; er lässt es abreißen und spekuliert mit den umliegenden Grundstücken. Der Architekt Jacques Lemercier baut für ihn ein neues Stadthaus, das Palais Cardinal. Richelieu vermacht dieses vor seinem Tod im Jahr 1642 dem König Ludwig XIII., der einige Monate später ebenfalls stirbt. Anna von Österreich zieht dort mit ihrem Sohn, dem späteren Ludwig XIV. ein. Das Palais Cardinal wird zum Palais Royal. Während der Aufstände der Fronde übersiedelt der König nach Saint-Germain-en-Laye. Er kehrt nie mehr ins Palais Royal zurück, das er seinem Bruder Philippe von Orléans schenkt, der als Regent dem Ort durch sein ausschweifendes Leben eine neue Bestimmung zuweist. Es ist schwer, sich ein Palais Royal vorzustellen, in dem es wie im 18. Jahrhundert von Menschen wimmelt. Heute machen es die dort angelegten französischen Gärten zu einem ruhigen und zurückhaltenden Ort, der nach einer Zeit nachlassender Beliebtheit nun wieder gut besucht ist. Das Palais beherbergt den Staatsrat, das Kultusministerium und einige andere Privilegierte.

Im Ehrenhof stehen auf dem Areal eines ehemaligen Parkplatzes die früher heftig kritisierten, in den Jahren 1985 bis 1986 gestalteten, unterschiedlich hohen schwarzweißen Marmorsäulen von Daniel Buren, denen mancher vielleicht die bewegten Metallskulpturen von Pol Bury vorziehen mag.

Die kreisförmige Place des Victoires nahe des Palais Royal war einst ein Platz zum Ruhme Ludwigs XIV. Der Marschall de la Feuillade veranlasst 1685 die Anfertigung einer Statue des Königs und beauftragt Jules Hardouin-Mansart mit dem Bau eines Platzes nach klassischem Muster rund um die in der Revolution eingeschmolzene Statue, deren Nachfolgerin aus dem Jahr 1822 von Bosio stammt.

Der zweite königliche Platz zu Ehren Ludwigs XIV. ist die Place Vendôme; zum Andenken an den Herzog von Vendôme, Sohn Heinrichs IV., plant der Oberintendant der königlichen Bauten, Louvois, einen Platz, der die 1686 fertig gestellte Place des Victoires an Schönheit übertreffen soll. Sein Tod unterbricht die Arbeiten, die erst 1698 wieder aufgenommen werden. Mansart gestaltet einen achteckigen, weitläufigen, von eleganten Fassaden umschlossenen Platz, in der Mitte angeordnet das Reiterstandbild Ludwigs XIV. von Girardon, das aber dasselbe Schicksal ereilt wie die Statue der Place des Victoires. Im Jahr 1810 lässt Napoleon I. zunächst eine Säule aus den in Austerlitz erbeuteten Kanonen errichten, der dann aber ständig wechselnde Standbilder folgen, zu guter Letzt überragt der Kaiser die Place Vendôme. Hier steht die Wiege der französischen Haute Couture, die sich später in die Avenue Montaigne verlagert. Patou und Chanel sind dem Viertel treu geblieben, Mademoiselle Chanel wohnte das ganze Jahr über im Ritz. Der vor einigen Jahren neu gestaltete Platz ist mit seinen zahlreichen Juwelieren eine der luxuriösen Adressen der Hauptstadt.

Charles Garnier gewinnt 1860 die Ausschreibung für den Bau eines großen Opernhauses, das 1875 eingeweiht wird. Er schafft ein eindrucksvolles, fast überladenes Werk im so genannten Stil 'Napoléon III', dessen Außenfassade zahlreiche Skulpturen, darunter 'Der Tanz' von Carpeaux, zieren.

107. Die Kuppel der Basilika Sacré Coeur.

108. Der Butte Montmartre mit der Seilbahn.

109. Einer der vielen Brunnen, die Morris der Stadt Paris gegen Ende des 19. Jahrhunderts geschenkt hat.

110. Lebende Skulptur am Montmartre.

Die Kirche Madeleine ist der Ausgangspunkt für die großen Boulevards und des Geschäftsviertels sowie einem Viertel der Cafés und der großen Warenhäuser, die in der zweiten Hälfte des 19. Jahrhunderts aufkommen und gehörig Kundschaft anziehen. Die Eröffnung der Warenhäuser ist mit ein Grund für die sinkende Beliebtheit der Pariser Passagen, die man aber heute wiederentdeckt.

Galerien und Passagen

Die 1786 von Victor Louis für den Herzog von Orléans gebauten Holzgalerien des Palais Royal finden bis zu ihrem Abriss im Jahre 1828 großen Anklang. Vor Wind und Wetter geschützt, sorgten Spielhöllen und Prostitution für ein ausnehmend munteres Leben und Treiben, aber auch die Luxusgeschäfte zogen viele Menschen an. Im Gegensatz dazu findet die in der Nachfolge 1829 eröffnete steinerne Galerie d'Orléans wenig Zuspruch, denn wegen des nicht gerade positiven Wandels der moralischen Verhältnisse im Palais Royal bleibt die Kundschaft in den Geschäften aus.

111. Village de Montmartre.
112. Eine Reihe alter Werbeplakate.

Nach der Revolution verändern die Pariser ihre Anschauungen. Ein neues, wohlhabendes Bürgertum bildet sich heran, die Bodenspekulation ist in vollem Gange. Dann entstehen auf dem rechten Seineufer überdachte, vor Wind und Wetter geschützte, tags durch natürlichen Lichteinfall und am Abend von Gaslaternen erhellte Einkaufspassagen. Diese Passagen, in denen sich auf beiden Seiten zahlreiche Läden aneinander reihen, bilden quer durch einen Häuserblock kurze Verbindungswege zwischen zwei belebten Straßen und erfreuen sich, da die Pariser Straßen noch immer sehr schmutzig und ohne Beleuchtung sind, größter Beliebtheit und, weil man dort in aller Ruhe bummeln kann, eines erheblich besseren Zuspruchs als die Galerien; sie sind eine Pariser Besonderheit des 19. Jahrhunderts und ganz Europa stürzt sich auf diese originelle Idee. Die angrenzenden Theater und literarischen Salons sorgen für muntere Betriebsamkeit.

Dennoch besitzen nur die Pariser Passagen diesen intimen Charakter und einen geheimnisvollen Zauber, den die allzu prunkvollen Kopien in London, Mailand, Neapel und Berlin vermissen lassen. Sie werden hauptsächlich in der ersten Hälfte des 19. Jahrhunderts gebaut. Aber die Baumaßnahmen Haussmanns, der Beginn des Eisenbahnzeitalters, das den Niedergang der Botenanstalten auslöst und zu guter Letzt die großen Warenhäuser beeinträchtigen den Kundenstrom in den Passagen.

Sie wären daher um ein Haar völlig verschwunden, neuerdings finden sie jedoch bei vielen wieder Gefallen, denn es gibt derzeit etwa zwanzig von ihnen.

Jede Passage oder Galerie hat eine eigene, unverwechselbare Atmosphäre, die besondere Aufmerksamkeit verdient.
Die kürzlich renovierte Galerie 'Véro-Dodat' ist bewundernswert, 'Vivienne' ist quicklebendig, während ihre Konkurrentin 'Colbert' mit ihrer schönen Rotunde zwar eleganter ist, aber dennoch nicht die erwartete Blüte erlebte.
Die Passagen der Boulevards (Panoramas, Jouffroy ...) sind zwar nicht so vornehm, dafür aber wesentlich belebter.
Wieder andere (Caire, Brady ...) werden heutzutage intensiv gewerblich genutzt, doch sind diese Passagen etwas heruntergekommen und gelegentlich sogar baufällig. Am Anfang des 20. Jahrhunderts baute man auf den Champs-Élysées Galerien, die aber nicht das Geringste mit den Galerien des 19. Jahrhunderts gemein haben, während die vor kurzem erbaute, durch die Pyramide mit Tageslicht erhellte Galerie des Carrousel du Louvre eine zeitgenössische Variante der einstigen Passagen darstellt.

113. Künstlertreffen auf der Place du Tertre.
114. Der Yachthafen von Paris.

DAS RECHTE SEINEUFER

Sie wären daher um ein Haar völlig verschwunden, neuerdings finden sie jedoch bei vielen wieder Gefallen, denn es gibt derzeit etwa zwanzig von ihnen.

Jede Passage oder Galerie hat eine eigene, unverwechselbare Atmosphäre, die besondere Aufmerksamkeit verdient.
Die kürzlich renovierte Galerie 'Véro-Dodat' ist bewundernswert, 'Vivienne' ist quicklebendig, während ihre Konkurrentin 'Colbert' mit ihrer schönen Rotunde zwar eleganter ist, aber dennoch nicht die erwartete Blüte erlebte.
Die Passagen der Boulevards (Panoramas, Jouffroy ...) sind zwar nicht so vornehm, dafür aber wesentlich belebter.
Wieder andere (Caire, Brady ...) werden heutzutage intensiv gewerblich genutzt, doch sind diese Passagen etwas heruntergekommen und gelegentlich sogar baufällig. Am Anfang des 20. Jahrhunderts baute man auf den Champs-Élysées Galerien, die aber nicht das Geringste mit den Galerien des 19. Jahrhunderts gemein haben, während die vor kurzem erbaute, durch die Pyramide mit Tageslicht erhellte Galerie des Carrousel du Louvre eine zeitgenössische Variante der einstigen Passagen darstellt.

113. Künstlertreffen auf der Place du Tertre.
114. Der Yachthafen von Paris.

Montmartre

Die 'Mauer der Generalpächter', eine allein zum Zweck der Zolleintreibung hochgezogene Mauer, umschloss 1784 Paris, und noch heute zeugt ein ringförmiger Boulevard von dieser Umfassung. Der Boulevard de Clichy und der Boulevard de Rochechouart begrenzen das einstige, im Jahre 1860 von Paris eingemeindete Dorf Montmartre. Clichy und insbesondere Pigalle, am Fuß des Hügels gelegen, genießen international den Ruf eines allerhand Vergnügungen und leichte Abenteuer versprechenden Nachtlebens; hier ist auch die größte

Ansammlung von Sexshops und Animierdamen der Stadt zu finden. Montmartre mit der Kirche Sacré-Cœur auf der Hügelkuppe ist eine Touristenhochburg. Der Name 'Montmartre' geht vermutlich auf den 'Mont des Martyrs' zurück, denn hier wurde im 3. Jahrhundert der später heilig gesprochene Dionysius enthauptet; die Rue des Abbesses (Straße der Äbtissinnen) zeugt vom Vorhandensein eines ehemaligen Klosters. Im 18. Jahrhundert beginnen die ersten Parzellierungen, die intensive Ausbeutung des Untergrunds macht aber den Hügel instabil und die Architekten bauen vorzugsweise Häuser - vor einiger Zeit brach der obere Teil der Rue des Martyrs ein.

Montmartre zog sehr bald Künstler und Schriftsteller an, die den ganz eigenen Charme dieser steilen, verwinkelten Straßen schätzten. Zahlreiche Treppen verleihen diesem Viertel einen besonderen, und nachts, wenn alles menschenleer ist, noch vervielfachten Reiz. Die Maler führten hier ihr Bohemeleben, bevor sie Anfang des 20. Jahrhunderts zum Montparnasse abwanderten.

Neben dieser bis heute anhaltenden dörflichen Beschaulichkeit ist das Wahrzeichen des Montmartre unbestreitbar Sacré-Cœur. Nach der Niederlage von 1870 wurde landesweit für den Bau einer Basilika gesammelt, und 1876 beginnt Abadie mit den später von anderen vollendeten Arbeiten, die beinahe fünfzig Jahre dauern sollten. Die Kirche wird im Jahr 1919 geweiht. Der eindrucksvolle, weiße Monumentalbau im römisch-byzantinischen Stil mit dem reich geschmückten Innenraum ist weithin sichtbar. Die Sacré-Cœur-Terrasse vor der Kirche gleicht einem über der Hauptstadt schwebenden Garten. Wer sich die Mühe macht, ein paar Augenblicke stehenzubleiben, dem liegt Paris zu Füßen. Die kaum bekannte Kirche Saint-Pierre-de-Montmartre neben der so vielbesuchten Basilika stammt aus dem 12. Jahrhundert und ist damit eine der ältesten Kirchen von Paris.

115.- 116. Die Vigne à Montmartre. Die Weinstockkultur in Paris stammt noch aus der gallo-romanischen Zeit.

117. Das Fest der Weinlese mit der Königin der Weinlese und dem Geist des Weinstocks auf dem Montmartre. Diese Feier findet jedes Jahr am ersten Samstag des Monats Oktober statt.

118. Die Bruderschaft der Republik Montmartre zur Zeit des Weinlesefestes. Die Mitglieder tragen das Kostüm von Aristide Bruant. Diese Bruderschaft ist im Jahre 1921 entstanden, um den Geist und die Tradition des Montmartre zu pflegen. Seine Devise lautet: "In der Freude Gutes Tun."

119. Die Cité des Sciences et de l'Industrie, eines der größten und innovativsten Kultur- und Technikzentren der Welt. Adrien Fainsilber ist der Architekt. Die Cité empfängt jährlich bis zu 3,5 Millionen Besucher.

Sie wurde umgebaut und erneuert und birgt vier vom einstmals auf dem Hügel stehenden römischen Tempel stammende Marmorsäulen sowie die ältesten Spitzbögen von Paris.

Montmartre, das ist auch die morgens ruhige, aber nachmittags von Touristen überlaufene Place du Tertre, den die routinierten Kunstmaler erstaunlich schnell skizzieren. Wie viele dieser Besucher wissen aber, dass auf diesem Hügel alljährlich im Herbst die Lese einiger weniger Weinstöcke gefeiert wird und dass Montmartre einsame, nahezu geheime, von der Menschenmenge verschonte Ecken birgt?

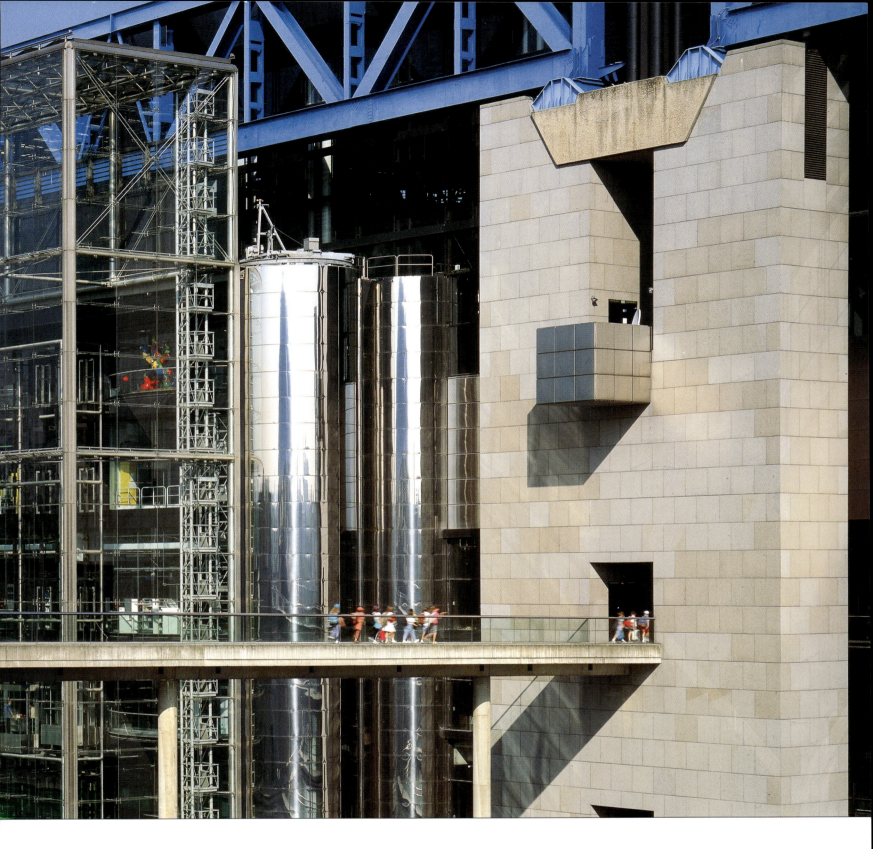

Der Osten

Die Wohlhabenden begaben sich früher zur Sommerfrische gelegentlich auch in den Pariser Osten, außerhalb der Zollmauer. Bereits 1802 beschließt Napoleon I. die Schaffung eines Kanalnetzes, um Paris mit Trinkwasser zu versorgen und die Frachtschifffahrt zu fördern. Die Kanäle Ourcq, Saint-Denis und Saint-Martin sowie das Bassin von La Villette werden Anfang des 19. Jahrhunderts gebaut und verhelfen so dieser Gegend zu einem bedeutenden wirtschaftlichen Aufschwung. Vor kurzem wurde die unmittelbare Umgebung der Kanäle, in die sich ein Jachthafen – das Arsenal – zwischen Bastille und Seine einfügt, mit hübschen Spazierwegen angelegt.

Auf dem Gelände der vergebens mit erheblichem Kostenaufwand renovierten Schlachthöfe befindet sich nun der vom Canal de l'Ourcq durchquerte Parc de la Villette. Das war der 'La Villette Skandal'. Anfang der 1980er Jahre entstanden die Cité des Sciences et de l'Industrie, ein Museum für Wissenschaft und Technik, die Géode, ein kugelförmiger, auf der Welt einzigartiger Veranstaltungssaal, der riesige Saal des Zénith, die Grande Halle, in der verschiedene Messen und Ausstellungen stattfinden und die von Portzamparc gebaute Cité de la Musique. Der von Bernard Tschumi entworfene Parc de la Villette bietet etwa zehn verschiedenartige Gärten. Diese Gegend von Paris durchlebte eine völlig chaotische Zeit der Spekulation, als der Bau von Sozialwohnungen die Arbeiterbevölkerung hierher zog. Seit ungefähr dreißig Jahren wandeln sich nun diese Viertel und profitieren von Mitterrands Großprojekten. Eine Neugewichtung des Ostens gegenüber dem Westen ist damit im vollen Gange.

Der auf ehemaligen Steinbrüchen erbaute Parc des Buttes-Chaumont im Süden von La Villette ist sogar den Parisern weitgehend unbekannt. Wie Montsouris und den Bois de Boulogne lässt wiederum Napoleon III. diesen bergigen Park mit See, Felsen und einem Wasserfall von Alphand schaffen; es ist eine entdeckenswerte Stelle der Stadt abseits der ausgetretenen Pfade, nicht zuletzt, weil ein paar Straßen weiter Villen und Sackgassen zum Bummeln anregen.

Als unter Ludwig XVI. aus hygienischen Gründen die Beseitigung der an die Kirchen angrenzenden Friedhöfe beschlossen wurde, musste Ersatz auf den von der Stadt Paris 1803 erworbenen Grundstücken vor der Stadt geschaffen werden. Der Friedhof Père-Lachaise, mit dessen Ausführung Brongniart, der ihm gleichzeitig eine besondere, zu schönen Spaziergängen einladende Atmosphäre verleihen sollte, beauftragt wurde, ist dafür berühmt, dass hier Hunderte von bekannten Persönlichkeiten bestattet sind.

Auch dem Südosten von Paris beiderseits der Seine hat Mitterrand seinen Stempel aufgedrückt. Das Finanzministerium ist aus dem Louvre ausgezogen, um funkelnagelneue Räumlichkeiten in Bercy zu beziehen. Der dortige zeitgenössische Park grenzt an die einstigen Weinlager des rechten Seineufers, in einem Teil von ihnen wurden kürzlich an Wochenenden geöffnete Läden eingerichtet.

120. Die Géode.

Die 'Nationalbibliothek François Mitterrand' auf dem linken Seineufer gegenüber des Parc de Bercy entspricht dem Willen Mitterrands, Wissen einer breiten Öffentlichkeit zugänglich zu machen und die Nationalbibliothek in der Rue de Richelieu zu entlasten. Letztere ist eine ehemalige, von Mazarin eingerichtete und von Labrouste im 19. Jahrhundert bedeutend aufgewertete königliche Bibliothek.

Der Bois de Vincennes ist die große Grünfläche im Osten der Hauptstadt. Wie der Bois de Boulogne, war er seit dem Mittelalter königliches Jagdrevier. Die Könige richteten ihr ganzes Augenmerk auf ihn, denn auf den Bau einer Jagdhütte folgte regelmäßig die Errichtung eines Schlosses. Als sich Ludwig XIV. in Versailles niederlässt, vergisst er Vincennes zwar nicht, aber es ist wiederum Napoleon III., der Alphand beauftragt, den Bois de Vincennes anzulegen, in dem das Museum für afrikanische und ozeanische Kunst, das internationale Buddhismusinstitut und der Zoo eine Hinterlassenschaft der Kolonialausstellung von 1931 sind.

Eine weitere Besonderheit ist der Flohmarkt am Stadtrand von Paris. Hunderte auf verschiedene Märkte verteilte Stände bieten jedes Wochenende Trödel, Kleidung, Kunstgegenstände und Möbel feil. Am beliebtesten ist der Flohmarkt von Saint-Ouen. Der Freitag ist den gewerblichen Käufern vorbehalten, dann erst kommt die Allgemeinheit zum Zug. Der Ramschladen manches Trödlers reiht sich unmittelbar an die formvollendet präsentierte Ware der Antiquitätenhändler. In dieser orientalischen Basar-Atmosphäre muss man sich aufs Feilschen verstehen. Dies ist ein Aspekt der Stadt, der für einige Stunden die allzu adrette Seite, die sie sich in den letzten Jahrzehnten zugelegt hat, vergessen lässt.

Schlusswort

Paris, die meistbesuchte Metropole der Welt, ist so im Laufe der Jahrhunderte zu einer Stadt geworden, deren Einfluss sich auf ganz Europa und schließlich auf die ganze Welt ausbreitete. Und allen Neidern und allem Handelsdruck vom Mittelalter bis heute zum Trotz, geben sich hier noch immer Kultur, Intellektualismus und Freiheit ein Stelldichein.

Heute scheint Paris mit der Einschränkung des Autoverkehrs und der Schaffung zahlreicher Grünflächen Anregungen anderer europäischer Städte wie Berlin aufgreifen zu wollen. Würde die grandiose Place de la Concorde den Fußgängern überlassen, wäre das die denkbar schönste Erweiterung der Tuileriengärten.

Auf jeden Fall erliegt so mancher dem Zauber dieser Stadt und kommt irgendwann hierher, um sie selbstvergessen zu durchstreifen oder sogar, um sich hier dauerhaft niederzulassen...

121. Das modernste Stadtviertel von Paris: La Defense.

CHRONOLOGISCHE ZEITTAFEL

52 v. Chr.
Lutetia, ein kleiner, von Fischern (den Parisii) bewohnter Marktflecken, wird von den Römern erobert.

360
Julius Cäsar (331-363) wird in der Arena von Lutetia zum Kaiser der Römer ernannt.

486
Chlodwig (ca. 466-511), König der Franken, macht die Stadt zu seiner Hauptstadt. Lutetia erlebt einen Aufschwung, vor allem im religiösen Bereich. Von den Folgekönigen, darunter Karl dem Grossen, wird sie allerdings vernachlässigt und die Stadt wird im 9. Jahrhundert Opfer normannischer Angriffe.

987
Mit dem Beginn der kapetingischen Dynastie wird Paris wieder Königreich, das Stadtgebiet vergrössert sich und die Stadt erlebt einen beträchtlichen wirtschaftlichen Aufschwung.

1163
Maurice de Sully veranlasst den Bau der Kathedrale von Notre Dame.

13. Jh.
Paris ist mit 100.000 Einwohnern die Stadt mit der höchsten Bevölkerungsdichte des Westens.

1348
Die Pest tötet ungefähr 25.000 Menschen.

1429
Johanna von Orléans versucht, die Stadt Paris, die zur Zeit des Hundertjährigen Krieges einen Pakt mit den Engländern eingegangen war, zu befreien. Dieser Konflikt zwischen Frankreich und England dauert von 1337 bis 1453.

1572
Das Massaker der blutigen Bartholomäusnacht vom 23. bis 24. August dezimiert die protestantische Pariser Bevölkerung. Mehr als 3000 Menschen kommen dabei um. Das Massaker wurde von König Karl IX. unter dem Einfluss seiner Mutter Katharina de' Medici angeordnet.

1594
Der Protestant Heinrich von Navarra schwört seinem Glauben ab und wird zum König Heinrich IV. von Frankreich. Er macht den Louvre zu seinem Hauptwohnsitz. Der neue König sorgt für die Verschönerung der Hauptstadt: es entstehen die Place des Vosges, Place de la Dauphine, Place des Quais de l'Arsenal, Place de l'Horloge usw.

1610
Ludwig XIII., Sohn von Heinrich IV., besteigt den Thron. Die Stadt wächst noch mehr, es entstehen neue Viertel (Marais, Faubourg Saint Honoré und Bastille).

1634
Eine neue Stadtmauer wird gebaut. Sie befindet sich genau dort, wo sich heute die Grands Boulevards, die Bastille und die Madeleine befinden.

26. August 1648
Tag der Barrikaden, an welchem sich das Volk erhebt, um die Freilassung von Broussel, dem Parlamentsberater von Paris, zu bewirken. Dieser war von Anna von Österreich gefangen genommen worden, weil er sich den von der Regierung festgesetzten Massnahmen entgegengesetzt hatte. Dieses Ereignis führt zur Entstehung der Fronde, einen Aufruhr, der Paris und ganz Frankreich beunruhigt. Dieser Bürgerkrieg wurde von den Parlamentariern aufgewiegelt, und später von den Adeligen weitergeführt. Diese wandten sich gegen die absolute Monarchie und Mazarin, der Frankreich während der Unmündigkeit Ludwigs XIV. regierte. Der junge König und seine Mutter Anna von Österreich müssen den Louvre verlassen und nach Saint-Germain-en-Laye flüchten.

1652
Die Fronde endet, Ludwig XIV. und Anna von Österreich kommen nach Paris zurück, wo sie einen triumphalen Empfang erhalten. Die königliche Macht geht gestärkt aus diesem Konflikt hervor.

1680
Ludwig XIV. verlässt Paris um sich in Versailles niederzulassen. Die Stadt bleibt jedoch der Sitz des Parlaments und der Administration. Dennoch werden unter seiner Herrschaft, unter der Aufsicht Colberts, die Säulengänge des Louvre, die Invaliden, die Salpetrière, das heutige Institut de France, die Tore Saint Denis und Saint Martin, die Place Vendôme, Place du Carrousel, Place des Victoires usw. erbaut.

1784
Am Vortag der Revolution zählt Paris innerhalb der Stadtmauer, die die Stadt bis 1860 eingrenzt, 650.000 Einwohner.

14. Juli 1789
Das Volk stürzt die Bastille. Diese Festung war ein Gefängnis, ein Symbol der Tyrannei des königlichen Absolutismus. Dies ist der Anfang der französischen Revolution. Paris wird wieder zum Zentrum Frankreichs.

Chronologische Zeittafel

1806
Der Kaiser Napoleon I. will aus Paris die Hauptstadt Europas machen. Er veranlasst eine Reihe großer Baumaßnahmen (Triumphbogen, die Säule der Place Vendôme usw.), er lässt Märkte und Schlachthofe bauen und den Kanal Ourcq entstehen, versorgt die Stadt mit Trinkwasser und sorgt für die Erschaffung eines Abwassersystems. Diese Einrichtungen werden von Verschönerungsmaßnahmen begleitet (den Bau der Madeleine und des Pantheon). Diese wurden auch während der Restauration (1814, Rückkehr der Monarchie nach der Abdankung Napoleons) und der Julimonarchie (diese Bezeichnung bezeichnet die Herrschaftszeit des Königs Ludwig-Philipp I.) weitergeführt.

27.-29. Juli 1830
Julirevolution. Es handelt sich um die Meuterei gegen die Herrschaft Karls X. und seiner Regierung, die die Wahlen annuliert, das Wahlsystem geändert und die Pressefreiheit abgeschafft hatten. Die Opposition bricht zuerst bei den Druckereiarbeitern und den Studenten aus, breitet sich jedoch rasch aus. Die Pariser Meuterer richten sich gegen das Rathaus, den Louvre und die Tuilerien. Als sie den Sieg erringen, rufen sie die Republik aus, aber die Abgeordneten wollen die Ordnung einhalten und die Herrschaft der Königsfamilie der Orléans zuschreiben. Karl X. dankt zugunsten seines Enkels ab und akzeptiert die Ernennung des Herzogs von Orléans zum Generallieutenant und Regenten des Königreichs.

1841-1845
Thiers leitet die Erbauung eines Befestigungswerks an, das Paris umschliesst. Heute befinden sich an der Stelle die Grands Boulevards.

22.-24. Februar 1848
Aufstand, der zum Ende der Julimonarchie führt. Es kommt am 25. Februar zum Ausruf der II. Republik, nachdem das Volk das Palais Bourbon gestürzt hat.

2. Dezember 1851
Staatsstreich von Louis-Napoleon Bonaparte, Präsident der II. Republik, welcher die gesetzgebende Versammlung abschafft und die vollziehende Gewalt zu seinem Gunsten festlegt.

2. Dezember 1852
Wiederhestellung des Kaiserreichs bis 1870 unter Napoleon III. Zu dieser Zeit erhält Paris unter der Leitung von Haussmann sein heutiges Aussehen. Unter Napoleon kommt es zur Zentralisierung der Administration, Wirtschaft und dem sozialen und kulturellen Leben in Paris. Die Stadt wird zu dieser Zeit aufgrund des Städtebaus und politischer Bedenken einer beträchtlichen Veränderung unterzogen.

1871
Paris erlebt einen rasenden Bevölkerungsanstieg (1.800.000 Einwohner).

März-Mai 1871
Eine Regierung gegen die Preussische Herschaft wird gebildet. Diese beginnt mit der militärischen Besetzung von Paris.

1878, 1889 und 1900
Die Weltausstellungen werden im Zeichen des Aufschwungs und der Blütezeit in Paris realisiert. Der Eiffelturm wurde für die Weltausstellung 1889 errichtet.

1914-1918
Paris erleidet während des 1. Weltkriegs Bomben- und Luftangriffe. Nach dem Krieg beginnt Paris, seine geographischen Grenzen auf das ganze Departement de la Seine auszubreiten.

1934
Paris nimmt teil an der hitzigen politischen und sozialen Stimmung der Öffentlichkeit. Dies hat Manifestationen von Angehörigen rechtsradikaler Parteien zur Folge.

1936
Gegenschlag der Arbeiterparteien führt zur Bildung der „Front Populaire".

1939-1945
Der 2. Weltkrieg: Paris wird ab Juni 1940 von der deutschen Wehrmacht besetzt. Diese dunkle Besetzungsperiode geht einher mit der Deportierung zahlreicher Juden und anderer Minderheiten und den Aktionen der Resistance-Bewegung. Die Stadt wird am 24. August 1944 befreit. Am 26. August schreiten die französischen Truppen, von General de Gaulle geführt, die Champs Elysées entlang.

28. September 1958
Die neue Staatsverfassung wird per Volksentscheid angenommen, und die V. Rebublik wird eingeleitet.

1958-1969
General de Gaulle ist Präsident.

Mai 1968
Wirtschaftliche, soziale, politische und kulturelle Krise. Bewegungen, die diese Zustände anprangern, entstehen an den Universitäten von Nanterre und Sorbonne. Sie führen zu Tumulten und Barrikaden im Quartier Latin wo die Studenten sich Schlachten mit der Polizei liefern. Diese Bewegung dehnt sich auf das Arbeitermilieu aus. Ein darauf folgender Generalstreik legt das ganze Land lahm.

1969-1974
Georges Pompidou ist Präsident.

1974-1981
Valéry Giscard d'Estaing ist Präsident.

1981-1995
François Mitterand ist Präsident. Während seinem Doppelseptennat unternimmt Mitterand weitreichende Arbeiten in Paris, die das architektonische Grundbild der Stadt verändern, wie beispielsweise die Nationalbibliothek François Mitterand, die Pyramide des Louvre, die Arche de la Défense usw.

1995
Jacques Chirac wird zum Präsidenten der Republik gewählt.

1998
Paris ist Gastgeber und auch Gewinner der Fussballweltmeisterschaften. Dies provoziert ein nie zuvor gesehenes Aufbrausen in den Strassen von Paris.

2004
Die Weltausstellung wird wieder in Paris stattfinden. Thema wird das Bild sein.